开放新形态
海南自由贸易港建设的理论与实践

于涛 著

海南出版社
·海口·

图书在版编目（CIP）数据

开放新形态 ：海南自由贸易港建设的理论与实践 / 于涛著. -- 海口 ：海南出版社，2022.12

ISBN 978-7-5730-0888-6

Ⅰ. ①开… Ⅱ. ①于… Ⅲ. ①自由贸易区—经济建设—研究—海南 Ⅳ. ①F752.866

中国版本图书馆CIP数据核字(2022)第235310号

开放新形态：海南自由贸易港建设的理论与实践

KAIFANG XIN XINGTAI：HAINAN ZIYOU MAOYIGANG JIANSHE DE LILUN YU SHIJIAN

作　　者：于　涛
责任编辑：姜　嫚
执行编辑：蒙水连
封面设计：黎花莉
印刷装订：海口永发印刷股份有限公司
海南出版社　出版发行
地　　址：海口市金盘开发区建设三横路2号
邮　　编：570216
电　　话：0898-68567076
网　　址：http://www.hncbs.cn
开　　本：889 mm×1 194 mm　1/32
印　　张：4.25
字　　数：86千
版　　次：2022年12月第1版
印　　次：2022年12月第1次印刷
书　　号：ISBN 978-7-5730-0888-6
定　　价：28.00元

前　言

2018年4月13日，习近平总书记在庆祝海南建省办经济特区30周年大会上郑重宣布，党中央决定支持海南全岛建设自由贸易试验区，支持海南逐步探索、稳步推进中国特色自由贸易港建设，分步骤、分阶段建立自由贸易港政策和制度体系。支持海南全面深化改革开放，建设中国特色自由贸易港是习近平总书记亲自谋划、亲自部署、亲自推动的重大国家战略，是党中央着眼于国内国际两个大局作出的重大战略决策，是彰显新时代我国全面深化改革开放决心的重大举措。

当今世界正在经历新一轮大发展大变革大调整。新冠肺炎疫情全球大流行，推动世界百年未有之大变局加速演进。世界经济深度衰退，全球产业链、供应链遭受冲击，治理赤字、信任赤字、发展赤字、和平赤字仍在扩大。单边主义、保护主义、霸凌行径抬头，经济全球化遭遇逆流，加剧了世界经济中的风险和不确定性。在我国加快构建以国内大循环为主体，国内国际双循环相互促进的新发展格局的时代背景下，海南自由贸易港大有可为，前景广阔。

海南自由贸易港作为我国对外开放的新形态，备受国内外关注，本书尝试从战略定位、营商环境、招商引资、产业发展、风险防控等方面对海南自由贸易港建设进行论述，将有助于各类市场主体和社会各界人士更好地认识海南自由贸易港的定位与规划，发掘潜在的发展商机，更深入地参与自贸港建设并分享发展红利。

目　录

第一篇

开放新时代

第一章　经济全球化遭遇更大的逆风和回头浪

当今世界正在经历新一轮大发展大变革大调整，保护主义、单边主义抬头，经济全球化遭遇更大的逆风和回头浪，“逆全球化”的思潮日趋严重、甚嚣尘上。美欧西方世界所推动的单边主义、经济民族主义愈演愈烈。尽管第二次世界大战以来，随着经济全球化进程加快，世界范围内生产资源配置不断优化、产业分工不断深化、市场规模不断拓展、技术水平不断提高，经济、贸易和投资快速增长，技术进步和产业链价值链不断延伸，但是自2008年国际金融危机爆发以来，世界经济在低速增长中进入深度调整期，单边主义和贸易保护主义抬头，贸易壁垒逐渐增加。尤其是2020年初新冠肺炎疫情暴发以来，单边主义、贸易保护主义等逆全球化浪潮不仅未见“刹车”势头，更是在西方世界大行其道。英国脱欧、美国发动贸易战及各种“退群”操作等单边主义行为给全球治理体系带来巨大的破坏和挑战。以美国为首的西方国家的单边主义和保护主义措施使得全球产业链、价值链萎缩甚至断裂的风险不断加大，并降低了市场对资源配置效率优化的作用，全球治理也因此由一体化向碎片化和区域化方向发展。

值得注意的是，全球生产体系进入了深度转型阶段，全球范围内撤资和投资转移的加快将引发各国为吸引外资展开更加激烈的竞争，同时跨国公司对生产基地多元化布局也将进行“回归母国”的“退缩性”调整。尤其是发达国家为寻求所谓“经济主权”而减少对进口贸易的依赖，正尝试逐步把制造业转移回本国。比如，2020年上半年，日本政府为刺激本国经济复苏而推出了2435亿日元（约合人民币158亿元）的“改革供应链”项目，资助日本制造商将生产线撤出中国，其中有2200亿日元用于资助企业把生产线迁移回日本本土。除日本之外，美国、欧盟等经济体也提出了资助本国企业撤离的计划。据2020年6月的调查研究，以德、法为代表的绝大多数欧盟成员国民众认为有必要从中国撤回制造业。在较长时期内，部分行业如汽车、电子产品、纺织服装等以效率为导向的全球价值链型产业将会从全球价值链转变为区域价值链生产，而农产品加工、旅游、物流等行业因需要更加贴近市场和客户而将遵循“本地化”的发展路径。尤其是美国的单边主义和贸易保护主义在构建对华“经济围堵”上体现得最为淋漓尽致。从贸易摩擦到技术封锁战略，美国在全领域范围内发起对华的对抗竞争，在经济领域和全球治理领域打压是美国遏制中国的重中之重。美国政府2017年11月提出并开始推行的“印太战略”被普遍视为旨在对冲中国“一带一路”倡议，从经济、政治、外交和军事层面构建遏华的架构。美国还在背后“胁迫”其欧洲盟友加入对华“经济围堵”阵营，在5G、芯片等领域强行推动欧洲国家政府实施对华禁令。

2021年1月，拜登在华盛顿正式就任美国第46任总统。拜登上台以来，国际政治和经济形势进一步恶化。一是美国向全球输出通胀。为应对新冠肺炎疫情给美国经济带来的困境，拜登政府“放水救市”，美联储通过无限量货币宽松政策海量“注水”，以大手笔财政刺激计划疯狂“撒钱”。美国国会预算办公室数据显示，2020年4月，美联储印钞3万亿美元，2021年印钞2.8万亿美元。“大水漫灌”后，美国物价上升、通胀压力凸显，同时股市呈现出虚假繁荣景象。根据美国劳工部2022年初公布的数据，2021年12月美国消费者价格指数（CPI）同比上涨7%，连续19个月上涨，通胀创40年新高。美国利用美元霸权在全球搜刮财富，将国内经济矛盾转嫁给全球，导致了全球通胀加速，让全世界人民为美国买单。粮食等大宗商品价格和国际原油价格大幅走高，给全球经济和民生带来灾难。二是以多边主义之名，行分裂世界之实。拜登政府打着多边主义的旗号拉帮结派，以七国峰会、五眼联盟、四边机制、三方安全伙伴关系（AUKUS）为抓手，企图分裂亚洲乃至世界，以一己私利破坏现有国际秩序，妄图把世界重新带回集团对抗的冷战年代。美国的种种行径，已经与和平与发展的时代大潮流逆向而行。三是在逆全球化的歧路上愈行愈远。拜登上台以来，并没有改变特朗普政府的对华贸易政策方向。截至2021年年底，美国对中国商品的加权平均关税为19.3%，而这一数字在贸易战前仅为3.1%，贸易壁垒使广大生产商和消费者付出沉重代价。

除了利用关税大搞贸易壁垒，拜登政府还利用技术管控实施科技封锁。2021年4月，美国商务部工业和安全局（BIS）宣布制裁7家中国超级计算机实体，理由是这些实体参与建造的中国军用超级计算机威胁美国国家安全和外交政策利益。美国参议院商务、科学与交通委员会审议通过《无尽前沿法案》，首在推动“科技脱钩”，不仅实施点对点的高科技企业封锁制裁，还打出技术管控、交流阻断、人才封锁的“组合拳”，旨在破坏中国前沿科技的发展，阻断中国科技国际交流与合作渠道，更严重阻碍了全球技术合作步伐与全球化发展进程。

第二章　全球经济面临大衰退危机

新冠肺炎疫情在全球范围内快速蔓延，导致停工停产、跨境旅游停滞、全球贸易收缩，令世界经济面临二战以来前所未有的衰退大危机，后续复苏面临前所未有的压力和挑战。

联合国发布的《2020年世界经济形势与展望年中报告》显示，2020年至2021年世界经济产出累计损失预计达8.5万亿美元，这相当于过去4年的增长总和。国际货币基金组织（IMF）2020年6月发布的《世界经济展望》报告预测，2020年全球经济将萎缩4.9%，其中发达经济体经济将萎缩8%，新兴市场和发展中经济体将萎缩3%；美国经济将萎缩8%，欧元区经济将萎缩10.2%，日本经济将萎缩5.8%。经济衰退最直接的表现就是全球人员、商品的流动速度下降，贸易收缩，人均GDP下降。世界贸易组织（WTO）发布的《全球贸易数据与展望报告》进一步表明，2020年第一季度全球货物贸易量同比下降3%，预计第二季度降幅约为18.5%，世界商品贸易量在乐观预测下萎缩13%，悲观预测下萎缩32%。联合国2021年1月发布的《2021年世界经济形势与展望》显示，受新冠肺炎疫情冲击，2020年全球经济萎缩4.3%，远超国际金融危机期间的萎缩幅度。其中，世界银行发布的最新数据显示，2020年发达经济体的GDP增速跌至-5.4%；新兴市场及发展中经济体的GDP增速跌至-2.6%。新冠肺炎疫情使1.31亿人陷入贫困，其中许多是妇女、儿童和边缘化群体。2020年世界上最贫穷的74个国家人均GDP下降了3.5%，相当于抵消了三到四年的减贫进展。

根据世界银行的评估，重大的负向冲击（如金融或货币危机）往往造成经济增长的持续低迷，新冠肺炎疫情可能会通过降低潜在产出和生产率给全球经济留下持久的“伤痕”。长期风险包括：持续低迷的信心可能导致家庭增加预防性储蓄，企业也会更加谨慎地投资或扩大生产，显著减少总需求和总供给；消费模式可能因降低感染风险的目标而发生长期变化。尤其是包括“一带一路”沿线国家在内的部分新兴市场和低收入经济体面临国内潜在需求增长放缓、外部需求疲软、国家资金外流、债务风险增加等严峻挑战。

2022年4月，国际货币基金组织发布《世界经济展望：战争拖累经济复苏》。该报告认为，俄乌冲突将通过大宗商品市场、贸易和金融渠道产生全球溢出效应，所造成的经济损失将导致2022年全球经济增速显著放缓，并推高通胀。报告预测，全球经济增速将从2021年的6.1%下降至2022年和2023年的3.6%，与2022年1月的预测相比，分别下调了0.8和0.2个百分点；2022年和2023年，亚洲新兴市场和发展中经济体的经济增速分别为5.4%和5.6%，东盟五国（印度尼西亚、马来西亚、菲律宾、泰国、越南）的经济增速也高于5%。2023年之后，全球经济增速将放缓，并在中期回落至3.3%左右。国际货币基金组织总裁格奥尔基耶娃在博鳌亚洲论坛2022年年会开幕式全体会议上明确指出，全球经济遭受了一次又一次冲击。危机一波未平，一波又起。第一场危机是新冠肺炎疫情，第二场危机是发生在乌克兰的战争。

毫无疑问，传统安全领域问题风险叠加新冠肺炎疫情带来的公共卫生领域风险，已经使全球经济陷入大衰退危机。与此同时，世界也极有可能进一步分裂成拥有不同贸易和技术标准、支付体系和储备货币的地缘政治集团。

第三章 以共赢共担共治开创共同开放新格局

中国如何在世界范围内逆全球化浪潮此起彼伏、发达国家纷纷奉行单边主义和保护主义政策、全球价值链和产业链面临断裂风险，以及全球经济陷入大衰退危机的复杂多变国际环境下逆流而上，彰显智慧、贡献经验和显示耐力，是我们需要认真思考、仔细研究、沉着应对的新课题。新时代面临新挑战，我们要就如何突破西方世界单边主义围堵和应对全球经济陷入大衰退危机，提出有效、可操作性强的应对之策和“中国方案”。

以共赢共担共治开创共同开放新格局，是中国的时代选择。2020年11月，第三届中国国际进口博览会在上海举办，在开幕式上，国家主席习近平以视频方式发表了主旨演讲，指出我们要携起手来，共同应对风险挑战，共同加强合作沟通，共同扩大对外开放。在博鳌亚洲论坛2022年年会开幕式上，国家主席习近平以视频方式发表题为《携手迎接挑战，合作开创未来》的主旨演讲。习近平指出，当下，世界之变、时代之变、历史之变正以前所未有的方式展开，给人类提出了必须严肃对待的挑战。人类历史告诉我们，越是困难时刻，越要坚定信心，任何艰难曲折都不能阻挡历史前进的车轮。习近平强调，冲出迷雾走向光明，最强大的力量是同心合力，最有效的方法是和衷共济。困难和挑战进一步告诉我们，人类是休戚与共的命运共同体，各国要顺应和平、发展、合作、共赢的时代潮流，向着构建人类命运共同体的正确方向，携手迎接挑战、合作开创未来。

国家之间通过政治、经济、文化和社会等方面的交流互鉴促进合作共赢是推动时代进步和发展的历史性必然趋势。特别是我们摆脱疫情、战胜疫情必须依靠世界各国的共同合作。各国只有共同扩大对外开放才能战胜疫情，才能推动全球经济复苏。在新的时代大背景下，2020年6月1日，中共中央、国务院向全球正式发布《海南自由贸易港建设总体方案》(简称《总体方案》)，明确指出海南自由贸易港的实施范围为海南岛全岛，到2025年初步建立以贸易自由便利和投资自由便利为重点的自由贸易港政策制度体系。同日，新华社公布了中共中央总书记、国家主席、中央军委主席习近平对海南自由贸易港建设作出的重要指示："在海南建设自由贸易港，是党中央着眼于国内国际两个大局、为推动中国特色社会主义创新发展作出的一个重大战略决策，是我国新时代改革开放进程中的一件大事。要坚持党的领导，坚持中国特色社会主义制度，对接国际高水平经贸规则，促进生产要素自由便利流动，高质量高标准建设自由贸易港。要把制度集成创新摆在突出位置，解放思想、大胆创新，成熟一项推出一项。"习近平强调，海南省要认真贯彻党中央决策部署，把准方向、敢于担当、主动作为，抓紧落实政策早期安排，以钉钉子精神夯实自由贸易港建设的基础。中央和国家有关部门要从大局出发，支持海南大胆改革创新，推动海南自由贸易港建设不断取得新成效。

众所周知，海南岛全岛面积3.39万平方公里，而纵观全球范围内的自由贸易港，海南岛是现存自由贸易港中规模和面积最大的，约是国际知名自由贸易港香港的32倍、新加坡的47倍、迪拜的9倍。至此，海南这一全球最大的自由贸易港，必将在推动经济全球化和区域经济复苏方面发挥独特的重要作用，成为展示中国风范、中国气派的靓丽名片。海南自由贸易港可通过合作共赢、合作共担、合作共治为我国开创共同开放的新格局作出积极贡献。

第一，把海南自由贸易港建设成为我国与国际社会合作共赢的重要平台。背靠国内14亿多人口和GDP超100万亿人民币的国内市场，面向东盟6亿多人口和GDP约3万亿美元的国际市场，海南自由贸易港可通过贸易自由便利、投资自由便利、跨境资金流动自由便利、人员进出自由便利、运输来往自由便利和数据安全有序流动的六大政策制度设计实行更加积极主动的开放战略，成为我国以国内大循环为主体，促进国内国际双循环的关键节点，成为合作共赢的重要平台。

第二，把海南自由贸易港建设成为我国与国际社会合作共担的重要载体。海南自由贸易港扩大开放的过程肯定会伴随着各种风险挑战，贸易风险、投资风险、金融风险、网络安全风险、生态风险不容忽视，尤其是像新冠肺炎疫情这样的公共卫生风险更需要国际社会齐心协力、共同应对。只有“管得住”，才能“放得开”，出现风险并不可怕，构建应对风险体制化、机制化、智能化的全方位、多维度防控体系是关键所在。随着海南应对风险挑战的经验越来越丰富，其吸收和消化风险的超强能力将成为一种全球性的公共产品，所有的贸易伙伴都能从中受益。审慎稳健的风险防范体系可为合作共担提供坚强保障。

第三，把海南自由贸易港建设成为我国与国际社会合作共治的重要支点。建设海南自由贸易港是中国适应、融入并引领国际体系进程中具有里程碑意义的重大事件。作为21世纪海上丝绸之路的重要战略支点，海南可通过加强政策沟通、设施联通、贸易畅通、资金融通、民心相通，以经济治理合作造福沿线各国乃至世界人民，建设以旅游业、现代服务业、高新技术产业和热带特色高效农业为主导产业的现代产业体系，促进区域经济一体化和经济全球化，使海南成为推动合作共治的重要支点。

第四章 自由贸易港建设是中国对外开放的“升级版”

人类社会发展的历史告诉我们，开放带来进步，封闭必然落后。纵观改革开放40多年的发展历程，中国是开放的最大受益者，也是经济全球化的坚定支持者。当今世界正在经历新一轮大发展大变革大调整，经济全球化站在新的十字路口，世界各国唯有更加紧密地团结在一起，才能战胜人类面临的共同挑战，实现人类社会的长期繁荣。中国向全世界发出了构建人类命运共同体的倡议，庄严承诺为全球发展不断贡献中国智慧、中国方案、中国力量。

中共十八大以来，中国建立开放型经济新体制的步伐从未停息，深度融入经济全球化的努力从未松懈。在新冠肺炎疫情全球肆虐、世界经济跌入衰退陷阱的危急时刻，推动海南自由贸易港建设，能够充分彰显中国支持经济全球化的坚定决心，充分体现构建人类命运共同体的实际行动，对海南、对中国、对世界具有重大意义。

对海南而言,建设自由贸易港将成为高质量发展的新动能。一方面是创新体制机制激发的动能。通过实行市场准入负面清单管理制度,海南将成为旅游业、现代服务业、高新技术产业和热带特色高效农业的外商投资新热土。另一方面是优化营商环境的蓄势赋能。通过创新国际贸易单一窗口、加工增值政策等,海南自由贸易港将成为我国贸易便利化程度最高的开放新高地,成为周边国家和地区与中国进行跨境贸易的首选之地。

对中国而言,海南自由贸易港将成为构建开放型经济新体制的示范标杆。改革开放已进入深水区,一般的对外贸易、招商引资政策已很难激发出新的市场活力,唯有弘扬敢闯敢试、敢为人先的改革精神,才能取得突破性成效。海南自由贸易港分步骤实施零关税、低税率、简税制,贯彻落实新发展理念,能够以前所未有的开放力度和改革深度激发新的开放动力,向全球推出世界第二大经济体、世界第一大贸易国的对外开放"升级版"。

对世界而言,海南自由贸易港将成为全球贸易发展和世界经济增长的新枢纽。建设自由贸易港的目的在于把海南打造成为我国面向太平洋和印度洋的重要对外开放门户,其红利已不仅仅限于一地一国。自由贸易港的独特地位赋予了海南在"一带一路"倡议特别是21世纪海上丝绸之路建设中的枢纽性重要地位,构建起中国与东南亚、南亚乃至环太平洋、环印度洋国家合作的全方位、立体化的开放通道,打造中国新一轮对外开放的核心地带。

需要指出的是,落实海南自由贸易港建设各项任务,须处理好几对关系。一是请进来与走出去的关系。海南不但要通过进口商品、服务提高自身在国际贸易体系中的地位，而且要主动把国内的资金、产品、管理推向海外，深度参与国际产业链分工。二是外部要素与内生动力的关系。在充分引进海外资金、技术、经验的同时，海南需不断提升自身的创新能力和发展水平，激发内外融合的双重优势，形成内外联动的双重活力。三是繁荣发展与安全稳定的关系。在推动实现高质量发展的同时，始终坚持底线思维，将安全稳定和风险防控作为自由贸易港建设的前置因素。四是试点先行与整体推进的关系。在早出成果的同时，确保全省各市县的群众普遍受益。五是政策创新与法治保障的关系。充分发挥政策创新的引领性作用，及时跟进法律法规体系建设，避免因法治保障缺位而出现“木桶短板”效应。

自由贸易港建设是新时代海南发展的难得机遇。海南必须乘势而上，高质量、高水准地完成建设自由贸易港的各项任务，打造中国对外开放的升级版和新标杆，展示中国支持经济全球化的坚定决心和实际行动。

第五章　深刻理解海南自由贸易港建设的战略定位

马克思主义政治经济学认为，人类社会最终将从各民族的历史走向世界历史。贸易是这一历史进程中的重要推动力，使人类社会不断走向繁荣。中国的辉煌历史充分证明了人类社会必将走向世界历史的趋势，也充分展现了贸易在国家建构与发展中的重要作用。

回首7个世纪前的元朝，马可·波罗从意大利威尼斯来到元大都，中西交往的繁荣让他倍感惊奇，对此他记述道："城郭之中鱼龙混杂，形形色色。"在他眼中，元大都是充满了"国际范"的贸易之都，与同期的亚历山大城相比有过之而无不及。明朝，郑和率领船队七下西洋，足迹远涉红海沿岸和非洲东岸。《明史·郑和传》中记录郑和出使的国家和地区共有36个，人们称其为"海道由是而清宁，番人赖之以安业"。元朝至明朝郑和下西洋时期的中西交往已如此繁盛，而明末及清朝却闭关锁国，甚至到了19世纪上半叶，中国跌入了开放的谷底，在列强的坚船利炮下被迫打开国门。

历史上的繁荣与屈辱已经成为过往，改革开放的伟大实践让古老的中国在世界经济体系中重新焕发活力。40多年来，中国全面融入世界市场，货物贸易出口占世界总量比重从1973年的0.7%提升到2020年的14.7%，中国成为国际贸易中最重要的力量。特别是2008年全球金融危机后世界范围内贸易保护主义盛行，中国更是成为贸易自由化的旗帜，在全球贸易增长中的贡献越来越重要。开放成为中国发展最活跃的要素，助力中国崛起，成为世界第二大经济体、世界第一大贸易体。改革开放已走过40多年历程，中国对外开放的姿态没有变化，而且步伐越来越大。支持海南建设中国特色自由贸易港正是党中央在新形势下全面深化改革、扩大对外开放的一项战略举措。2013年9月以来，中央相继在上海、广东、重庆等地批准设立了21个自由贸易试验区。2020年6月1日，《海南自由贸易港建设总体方案》正式发布。海南虽是后起之秀，但建设起点更高、标准更严、目标更为宏大。与国内其他自由贸易试验区相比，海南自由贸易港的战略定位不仅在于建设成为全面深化改革开放试验区，还要承担起国家生态文明试验区、国际旅游消费中心和国家重大战略服务保障区的重要职责。《中共中央 国务院关于支持海南全面深化改革开放的指导意见》明确指出，海南未来发展的战略定位是“三区一中心”，即：全面深化改革开放试验区、国家生态文明试验区、国际旅游消费中心、国家重大战略服务保障区。

全面深化改革开放试验区。大力弘扬敢闯敢试、敢为人先、埋头苦干的特区精神，在经济体制改革和社会治理创新等方面先行先试。适应经济全球化新形势，实行更加积极主动的开放战略，探索建立开放型经济新体制，把海南打造成为我国面向太平洋和印度洋的重要对外开放门户。

国家生态文明试验区。牢固树立和践行绿水青山就是金山银山的理念，坚定不移走生产发展、生活富裕、生态良好的文明发展道路，推动形成人与自然和谐发展的现代化建设新格局，为推进全国生态文明建设探索新经验。

国际旅游消费中心。大力推进旅游消费领域对外开放，积极培育旅游消费新热点，下大气力提升服务质量和国际化水平，打造业态丰富、品牌集聚、环境舒适、特色鲜明的国际旅游消费胜地。

国家重大战略服务保障区。深度融入海洋强国、“一带一路”建设、军民融合发展等重大战略，全面加强支撑保障能力建设，切实履行好党中央赋予的重要使命，提升海南在国家战略格局中的地位和作用。

“三区一中心”集中体现了党中央对于海南自由贸易港的战略定位，标志着海南开启了自由贸易“升级版”的探索，引领海南自由贸易港建设朝着改革举措更加综合、改革成效更加全面的方向前进。

“三区一中心”的新战略定位意义非凡。

一是对海南而言，“三区一中心”为经济发展注入新的活力。一方面是新的体制机制激发的活力。通过大幅放宽外资市场准入，使海南成为种业、医疗、教育、旅游、电信、互联网、文化、金融、航空、海洋经济、新能源汽车制造等行业外商投资新的热土；通过提升贸易便利化水平，创新贸易综合监管模式，使海南成为国内外贸易便利化程度最高的开放前沿，成为周边国家和地区与中国进行跨境贸易的首选之地。另一方面是服务业创新发展带来的活力推动现代服务业集聚发展，使海南率先实现服务业现代化；促进国际航运能力和高端旅游产业发展，使海南成为南中国海航运枢纽，成为达到国际水平的休闲度假之都。

二是对中国而言，"三区一中心"为全面深化改革、进一步扩大对外开放探索新的路径与模式。改革开放已进入深水区，单靠几条原则或大方向已很难解决面临的困难与问题，必须通过大胆试、大胆闯、自主改才能取得实实在在的成效。因此，海南自由贸易港提出了最为综合系统的战略定位，提出了简政放权、放管结合、优化服务，加快形成法治化、国际化、便利化的营商环境和公平开放统一高效的市场环境，将生态文明理念贯穿海南自由贸易港建设全过程，积极探索生态绿色发展新模式，加快改革系统集成的改革试点路径，以期取得更多制度集成创新成果，彰显全面深化改革和扩大开放试验田作用。可以说，党中央对海南自由贸易港建设寄予厚望，海南自由贸易港建设的成功与否，事关我国构建对外开放新体制的效果。

三是对世界而言，"三区一中心"为全球贸易发展和世界经济增长注入新的动能。建设海南自由贸易港的目的在于把海南打造成为我国面向太平洋和印度洋的重要对外开放门户，让全球各国尤其是东盟国家都能搭乘中国高质量发展的快车和便车，分享中国这一全球第二大经济体的经济发展红利。海南将在"一带一路”建设特别是21世纪海上丝绸之路建设中发挥重要支点及枢纽性作用，成为中国与东南亚、南亚乃至环太平洋、环印度洋国家合作的全方位、立体化的开放通道，进而成为国内国际双循环的重要交汇点。在这一点上，海南很有可能与粤港澳一同成为21世纪海上丝绸之路的核心地带。

“三区一中心”的战略新定位，昭示着海南自由贸易港前所未有的光明未来，需要全省上下付出前所未有的努力与奋斗。新时代赐予海南的不仅是发展机遇，更是举国上下、五洲之内万众瞩目的发展任务。海南必须不辱使命、不留遗憾，高质量、高水准地完成《总体方案》提出的各项建设任务，向党中央、向全国人民交上一份满意的答卷，向国际社会充分展示中国对外开放的坚定决心和丰硕成果。

第二篇

开放新格局

第一章　海南自由贸易港将在更高水平改革开放中彰显经济特区新作为

改革开放已经走过40多年的光辉历程，深圳、海南等经济特区相继迎来了建立40周年、30周年的光辉时刻。回首过往，深圳、珠海、汕头、厦门、海南等经济特区非凡的奋斗历史，创造了世界瞩目的发展奇迹。习近平总书记在深圳经济特区建立40周年庆祝大会上发表重要讲话，系统总结经济特区的实践经验，明确提出在更高水平改革开放中经济特区建设发展的未来方向。

在第一个百年奋斗目标即将收官、第二个百年奋斗目标开启征程的关键时间节点，我们面对更加复杂多变的国际国内环境和经济社会运行中出现的新情况、新问题。从国际环境看，当今世界正经历百年未有之大变局，新冠肺炎疫情全球肆虐，经济全球化遭遇逆风和回头浪，世界经济陷入衰退，国际政治、经济、科技、文化等格局都在发生深刻变革。从国内环境看，人民对美好生活的要求不断提高，经济长期向好，市场空间广阔，发展韧性强大，正在形成以国内大循环为主体、国内国际双循环相互促进的新发展格局。在这样的历史关头，习近平总书记在深圳经济特区建立

40周年庆祝大会上明确指出,经济特区要与时俱进全面深化改革。必须以更大的政治勇气和智慧,坚持摸着石头过河和加强顶层设计相结合,不失时机、蹄疾步稳深化重要领域和关键环节改革,更加注重改革的系统性、整体性、协同性,提高改革综合效能。这为广大经济特区,尤其是海南自由贸易港立足于更高起点推进改革开放指明了前进方向。

改革永远在路上,改革之路无坦途。40多年改革开放取得了丰硕成果,但改革的复杂程度、敏感程度、艰巨程度前所未有。在广度上,改革的涉及面越发广泛,一个或者几个领域改革的"单兵突破"已难以激发全局成效,唯有"全面出击",推进多个领域改革才能形成改革合力。改革必须依托跨领域、跨行业、跨部门、跨区域、跨系统的制度集成创新,方能整体联动、有机协同。在深度上,改革已经进入深水区,深层次的矛盾、问题必须加以解决。比如,科技创新具有极端重要性,但在芯片等科技基础创新方面,我们尚有明显短板,一些关键领域面临"卡脖子"的尴尬局面。改革的设计、落实、评价、改进还面临相互配合、相互协调的综合考验。在难度上,如同好吃的肉都已吃掉,剩下的都是难啃的硬骨头,全面深化改革就是"啃硬骨头"。改革面对的是打破利益固化藩篱,根治顽瘴痼疾的艰巨任务。只有权衡各方,更深层次地系统谋划,才能夺取新一轮改革开放的胜利。惟其艰难才更显勇毅,深化改革需要的是政治勇气和智慧,也需要摸着石头过河和顶层设计相结合,更需要加强改革的系统性、整体性、协同性。

首先,海南深化改革需要的是政治勇气和智慧。其核心是坚持党的领导，坚持“四个意识”，做到“两个维护”。一方面，要提高政治站位，坚决落实党中央对经济特区作出的最新战略部署。经济特区是改革开放的最前沿，加强党的全面领导和党的建设必须有更高的要求。经济特区的党员干部在坚定理想信念、更新知识观念、掌握过硬本领方面要从政治的高度加以认识和巩固。

其次，海南的改革需要坚持摸着石头过河和加强顶层设计相结合，不失时机、蹄疾步稳地深化重要领域和关键环节改革。一方面，在坚决落实党中央决策部署的同时，应当大胆结合地方实际开展制度创新，充分发挥区域特色和比较优势。另一方面，要继续弘扬“敢闯敢试、敢为人先、埋头苦干”的特区精神，不断完善容错纠错机制，激励干部群众勇当先锋、锐意进取。比如，目前国家层面还没有国家公园的相关立法，海南制定并已实施《海南热带雨林国家公园条例（试行）》。出台这一条例，就是为国家在这一领域的立法贡献出海南智慧和海南经验，也是海南作为经济特区担当使命的体现。

最后，海南深化改革需要更加注重改革的系统性、整体性、协同性，提高改革综合效能。习近平总书记提出了经济特区发展的10条宝贵经验，其中包括“必须坚持科学立法、严格执法、公正司法、全民守法，使法治成为经济特区发展的重要保障”和“必须践行绿水青山就是金山银山的理念，实现经济社会和生态环境全面协调可持续发展”。践行法治化和“绿水青山就是金山银山”理念并不是限制经济特区的发展，而是促进落实新发展理念，实现经济特区各项事业的协调发展。比如，海南全力配合全国人大和中央有关部门积极稳妥地推动制定和出台了《中华人民共和国海南自由贸易港法》,扎扎实实地以法治这个经济特区发展的重要保障推动海南自由贸易港建设。我们坚信,作为全国最大的经济特区,海南自由贸易港一定可以创造让世界刮目相看的新的更大奇迹。

第二章 海南自由贸易港建设体现“五个前所未有”

当今世界,正在经历新一轮大发展大变革大调整,保护主义、单边主义抬头,经济全球化遭遇更大的逆风和回头浪。在经济全球化的十字路口,中国高举和平、发展、合作、共赢旗帜,作出在海南建设自由贸易港的重大决策,打造我国深度融入全球经济体系的前沿地带。这是中国全面深化改革和加快建立开放型经济新体制的新作为。中共中央、国务院印发《总体方案》,标志着海南自由贸易港建设进入了全面实施阶段,意味着海南迎来了“前所未有”的开放新时代。

第一,制度集成创新“前所未有”。习近平总书记高度重视集成创新在自由贸易港建设中的核心作用,明确提出要把制度集成创新摆在突出位置,解放思想、大胆创新,成熟一项推出一项,行稳致远,久久为功。自由贸易港建设是一项系统工程,目标多元,任务多样,每一项改革举措的落实都有赖于跨部门、跨领域的通力合作。从改革落实的顶层设计看,《总体方案》特别强调要把加强党对自由贸易港建设的全面领导贯穿始终,党的领导是各方汇聚力量、集成创新的重要政治保证。从具体路径上看，中央和国家机关有关单位要主动指导，推动海南自由贸易港建设，尤其是分别派出干部驻海南实地指导自由贸易港建设工作，进一步细化相关政策措施在各领域深化改革开放试点，将创新的思路化为实际的行动。同时，发挥专家学者的作用，通过国务院发展研究中心组织对海南自由贸易港建设开展全过程评估，进一步确保政策落地见效。

第二，政策活力“前所未有”。改革开放激发了中国融入经济全球化的活力，自由贸易港建设同样依赖于敢为人先、开拓进取的政策活力。鼓励大胆试、大胆闯、自主改，是中央推动海南自由贸易港建设的鲜明导向。理念创新、管理创新、模式创新、机制创新、体制创新使海南自由贸易港建设充满了政策活力。比如，加强海关特殊监管区域建设，实行“一线”放开、“二线”管住的进出口管理制度；加大知识产权侵权惩罚力度，建立健全知识产权领域市场主体信用分类监管、失信惩戒等机制；允许符合条件的境外人员担任海南自由贸易港内法定机构、事业单位、国有企业的法定代表人；控制行政综合类公务员比例，行政人员编制向监管部门倾斜，推行市场化的专业人员聘任制；深化户籍制度改革，进一步放宽户口迁移政策，实行以居民身份证号码为唯一标识、全岛统一的居住证制度等具体措施，政策空间更广、管理体制更活，具有很强的针对性和操作性。

第三，开放程度“前所未有”。开放带动变革，引领中国走向世界舞台的中央。自由贸易港建设立足于改革开放40多年的丰厚积淀，集中反映了中共十八大以来改革创新的进取精神，体现出新时代全力开放，支持经济全球化、构建人类命运共同体的鲜明特征。一方面，海南自由贸易港是全岛开放，对比而言，新加坡和香港的面积分别为719.9平方公里和1106平方公里，海南岛的土地面积分别为以上两地的约47倍和32倍。另一方面，产业布局的纵深大，持续发展的空间优势更为突出。海南是“陆海空立体式全产业”开放，涵盖旅游业、现代服务业、高新技术产业和热带特色高效农业等各领域，在热带农业、医疗、教育、电信、金融、航天、海洋经济等具体产业方面都拿出了最大力度的开放政策。比如，在货物贸易方面，要实现“零关税”，瞄准“零壁垒”和自由化便利化。在服务贸易方面，体现“既准入又准营”。此外，海南还担负着探索城乡协调发展，生态和经济效益兼顾的重任，把农村地区也纳入自由贸易港建设的范围，这是其他国际自由贸易港所无法比拟的。

第四，税收优惠“前所未有”。优惠税制安排极大地优化了营商环境，对产业和人才产生强烈的虹吸效应。实施个人和企业所得税优惠是各自由港都会采取的一项普遍做法，海南自由贸易港对标最高优惠力度。未来，对一个纳税年度内在海南自由贸易港累计居住满183天的所有个人，其取得来源于海南自由贸易港范围内的综合所得和经营所得，按照3%、10%、15%三档超额累进税率征收个人所得税。同时，海南15%的企业所得税税率不仅低于国内25%的水平，而且还要低于新加坡等多数自由港。比如，新加坡对企业征收17%的企业所得税，新加坡和香港分别实行

2%—22%和2%—17%的个人所得税超额累进税率。海南的税收优惠力度已大于全球多数自由港，这势必将带来大量企业与人才的集聚，未来海南极可能成为跨国公司总部的集聚地。

第五，风险防控“前所未有”。行稳所以致远，有序方得始终。《总体方案》特别强调风险防控，充分体现了党中央确定的稳中求进的工作总基调，以及海南稳扎稳打、志在必得的改革决心。《总体方案》专辟一节对加强重大风险防控体系和机制建设作出部署，深入贯彻稳中求进的工作总基调，申明了风险防控的重大意义。比如，《总体方案》明确了贸易、投资、金融、数据流动、生态和公共卫生等是必须关注的重点领域，充分考虑了国内外环境、自由贸易港建设特点和海南实际，不仅客观而且十分审慎。对于防控风险的手段，《总体方案》体现了既有利于最大限度地减少政府对微观经济运行的干预，又能够有效识别和化解各类风险，维护国家安全和社会安全的防控原则。比如，提出加大信息化系统建设和科技装备投入力度，实施智能精准监管；对新技术、新产业、新业态、新模式实行包容审慎监管，对高风险行业和领域实行重点监管；建立健全环保信用评价制度等。

“前所未有”的改革决心和开放力度昭示了“前所未有”的光明前景。海南唯有脚踏实地、拼搏奋斗，积极协同配合中央有关部门，拿出“拼命三郎”的精神，才能不辜负党中央的厚望，才能向国人和世人交出自由贸易港建设的优异答卷。一是坚持高标准推进。习近平总书记明确反复强调改革的成功在于“一分部署，九分落实”，海南必须不折不扣地贯彻落实《总体方案》，时刻树立标杆意识，借鉴国际自由贸易港建设实践的先进经验，与《总体方案》的目标任务经常性对标。二是坚持高效率落实。“一天当三天用”是海南建省办经济特区30多年来形成的实干作风，自由贸易港建设任务艰巨而繁重，必须大力弘扬拼搏奉献精神，高效率推动自由贸易港加快建设、加快发展，早出成果、早见成效。三是要实现高水平目标。检验奋斗成效最终要靠建设成果，海南要紧盯自由贸易港建设的战略目标，高质量、高水准完成《总体方案》中提出的各阶段、各项建设任务，以名副其实的业绩向国际社会充分展示中国对外开放的坚定决心和丰硕成果。

第三章 准确把握海南自由贸易港建设的出发点、着力点、目标方向

在海南建设自由贸易港，是党中央着眼于国内国际两个大局、为推动中国特色社会主义创新发展作出的一个重大战略决策，是我国新时代改革开放进程中的一件大事。深刻理解建设海南自由贸易港的重大意义和根本定位，是推动《总体方案》落实落细的出发点和立足点，是贯穿于自由贸易港建设始终的一条主线。

第一，充分利用国内国际两个大局，促进我国构建国内国际双循环相互促进新发展格局，是建设海南自由贸易港的根本出发点。新冠肺炎疫情造成了全球环境极大的不确定性，对传统的国内国际循环模式提出了巨大挑战。《总体方案》的实施，有利于海南自由贸易港更好地连接国内经济腹地，发挥战略支点作用，成为中国联通世界、世界搭乘中国发展机遇的重要载体；有利于海南应对新冠肺炎疫情冲击和建设自由贸易港，依托国内14亿多人口的内需大市场，发挥好我国超大规模市场优势和内需潜力，构建国内国际双循环相互促进的新发展格局。鉴于此，海南要聚焦促进生产要素流动的自由化便利化，更好地借鉴国际经验，全面

对接国际高标准经贸规则。比如，即使在个别国家搞技术封锁的情况下，海南也要用好已有的合作机制，依托我国拥有全球最完备的产业配套体系，学习吸收国际先进技术成果。再比如，充分发挥负面清单管理模式的市场效能，对企业进口自用设备实施零关税负面清单管理，负面清单之外的商品全部免关税，促进生产要素流通的自由化和便利化。

第二，进一步丰富中国特色社会主义市场经济实践，促进创新发展是建设海南自由贸易港的关键着力点。制度集成创新在自由贸易港建设过程中处于突出地位。自由贸易港建设是一项系统工程，目标多元、任务多样，每一项改革举措的落实都有赖于跨部门、跨领域的通力合作，实现统筹兼顾、形成协同效应。党的领导是各方汇聚力量、集成创新的重要政治保证，要把加强党对自由贸易港建设的全面领导贯穿始终，更好地发挥政府作用，充分体现中国特色社会主义市场经济体制的特色和优势。具体而言，中央和国家机关有关单位分别派出干部驻海南实地指导开展自由贸易港建设工作，进一步细化相关政策措施在各领域深化改革开放试点，必将确保制度集成创新的质量和成效。与此同时，海南自由贸易港建设海纳百川，集国际精华之大成，为结合海南特色进行制度集成创新创造了良好条件。要和而不同、兼收并蓄，灵活借鉴中国香港、新加坡和迪拜等国际成熟自贸港在社会治理、风险防控等方面的具体管理方法和制度设计。

第三，推动我国新时代改革开放进程，建立开放型经济新体制是海南自由贸易港建设的重要努力方向。开放带动变革，引领中国走向世界舞台的中央。在货物贸易方面，我国自2001年加入世界贸易组织以来成就斐然，已于2012年成为全球第一大贸易国。海南将通过全面开放，发挥特色优势，实现“零关税”、瞄准“零壁垒”，推动贸易和投资自由化便利化。在服务贸易方面，尽管近年来我国服务贸易逆差收窄，但从2014年至今逆差规模均保持在2000亿美元以上。针对跨境交付、境外消费和自然人移动三种跨境服务贸易形态，海南将通过实施跨境服务贸易负面清单管理模式实现自由准入；针对商业存在，通过规范细化资格和技术标准等监管要求，海南将体现“既准入又准营”。换言之，作为改革开放新高地的海南，将通过“双轮驱动”实现货物贸易和服务贸易繁荣发展，助力推动我国新时代改革开放的前进新征程。

奋力建设海南自由贸易港，是新时代打造我国深度融入全球经济体系前沿地带的新使命，也是新时代争创中国特色社会主义实践生动范例的新作为，更是新时代推动我国改革开放进程的新担当。在新冠肺炎疫情全球肆虐、世界经济跌入衰退陷阱的关键时刻，海南自由贸易港建设蓬勃展开，充分彰显了中央将海南自由贸易港打造成为引领新时代我国对外开放的鲜明旗帜和重要开放门户的坚定决心，是构建人类命运共同体理念的又一次伟大实践。海南唯有锚定奋斗目标，举全省之力奋力前行，才能不辜负党中央的重托，不辜负全国人民的期望。

第四章　制度创新是海南自由贸易港建设的鲜明特征

2018年4月13日，庆祝海南建省办经济特区30周年大会在海南省人大会堂举行。习近平总书记出席大会并发表重要讲话。习近平总书记“4·13”重要讲话指出，海南全岛建设自由贸易试验区，要以制度创新为核心。四年多来，海南紧紧围绕制度创新这个核心，推出一系列旨在提升开放水平、激发开放活力的改革举措，持续优化营商环境，不断加强科技创新，高标准、高质量推动海南自由贸易试验区和自由贸易港建设。截至2021年8月，海南已发布13批共计123项制度创新案例，展示了制度创新的进展与成效，充分体现了海南正以临战的状态、攻坚的担当、奋进的决心全力做好自由贸易港建设。

制度创新案例在法治化建设创新、人才培养创新、政府管理创新、要素市场化创新等方面亮点纷呈，奏响了自由贸易港制度创新的新和弦，向海内外投资者彰显了我国积极探索、稳步推进海南自由贸易港建设的坚定决心。

一是以制度创新夯实法治化营商环境基础。加强法治体系建设,充分发挥法治的引领、保障、促进作用,对海南营造国际一流的自由贸易港法治环境具有重大意义,体现了我国进一步扩大对外开放、坚定支持经济全球化的信心。比如,海南省高级人民法院出台了《海南省高级人民法院投资者司法服务绿色通道平台工作管理办法(试行)》,创设“一站式”司法征信服务平台,截至2020年,这项服务已覆盖107个国家和地区、40个法律领域,平台咨询量达7.9万人次。又比如,海口市中级人民法院力促刑事裁判财产性判项执行与刑事审判工作相衔接,有力破解执行难、执行到位率低的司法难题,形成了“刑事裁判财产性判项集中集约执行”的新机制。

二是以制度创新蓄积人才储备规模和产业发展动力。人才是自由贸易港建设的第一资源,产业是自由贸易港发展的第一动力。海南聚焦自由贸易港建设和发展中最稀缺的法律、经贸、财税、金融、保险、航运、高等教育、高端医疗、高科技、大数据、云计算和数字贸易等方面的高端人才,通过体制机制创新吸引这些既通晓国际规则、具有国际视野,又熟悉中国特色、具有本土情怀的兴业之士奔赴海南。同时,自由贸易港建设也需要专业护士与护工及婴幼儿保育、家政烹饪等专业技术人才提升服务水平。比如,出台《海南省酒店业人才培养实施方案》,发挥教育机构独特作用,开创“旺工淡学”旅游业人才培养新模式,有效提升了专业人员服务素质。

三是以制度创新激发政府管理创新。管理创新将为建设“放得开、管得住”的新型社会治理体系提供坚实保障。海南自由贸易港建设必须统筹协调和着力构建各类风险防控体系，管控好国家安全风险、国际贸易风险、金融系统风险、税收征管风险、事中事后监管风险和数据跨境流动风险。比如，博鳌乐城国际医疗旅游先行区率先创设医疗药品监督管理局，统管医疗服务和药品、医疗器械安全的"医疗和药品协同监管"模式属全国首创，有效解决了过去多头管理导致的一系列问题。又比如，海南出台《海南省省和市县总体规划实施管理办法》《海南省村庄规划管理条例》，创新国土空间规划实施管理制度体系，守住了生态保护和耕地保护红线，也满足了建设用地需求。

四是以制度创新构建灵活高效的金融与投融资体制。自由贸易港的最大优势在于以最宽松的市场环境、最广阔的市场空间带动知识、技术、资本、劳动、管理等社会财富的源泉充分涌流，金融在其中扮演了最为关键的中介作用。比如，新冠肺炎疫情肆虐全球，海南一手抓疫情防控、一手抓复工复产，引导金融支持实体经济共渡难关，以共保方式承担风险，在全国首创"海南省复工复产企业疫情防控综合保险"，两天内完成产品研发、三天内覆盖全省100家重点企业，彰显了自由贸易港干事创业的加速度与执行力。

制度创新为海南建设自由贸易港，有效应对新冠肺炎疫情冲击提供了不竭的动力。放眼未来，海南自由贸易港必将肩负起时代重任，不断奏响制度创新的新和弦，为推动我国对外开放和经济全球化贡献海南方案、海南智慧。

第五章　谋定后动　加快建设现代产业体系

海南产业结构过去以房地产为主，近年来海南全面落实产业升级，以壮士断腕的决心破除“房地产依赖症”，旅游业、现代服务业、高新技术产业和热带特色高效农业已成为海南四大主导产业。截至2022年，海南的四大主导产业对海南经济增长的贡献率已接近八成。海南省统计局公布的数据显示，2021年海南环岛旅游公路、热带雨林国家公园、美丽乡村成为海南旅游新亮点，旅游收入比新冠肺炎疫情暴发前的2019年增长31%。服务业对海南经济增长的贡献率达到82.5%，较十年前提高31.2个百分点。海南全省高新技术企业数量年均增长45.8%、营业总收入年均增长19.3%，数字经济、石化新材料、现代生物医药三大优势产业快速发展，南繁、深海、航天“陆海空”三大未来产业培育初见成效，清洁能源、节能环保等战略性新兴产业提质升级。热带特色高效农业高质量发展，大力引进培育热带果蔬新品种，“南繁硅谷”集聚中外知名种业企业30余家。

从旅游业来看，根据《总体方案》的要求，海南将坚持生态优先、绿色发展，围绕国际旅游消费中心建设，推动旅游与文化体育、健康医疗、养老养生等深度融合，提升博鳌乐城国际医疗旅游先行区发展水平，建设文化旅游产业园，发展特色旅游产业集群，培育旅游新业态新模式，创建全域旅游示范省。加快三亚向国际邮轮母港发展，支持建设邮轮旅游试验区，吸引国际邮轮注册。设立游艇产业改革发展创新试验区。积极创建国家级旅游度假区和5A级景区。海南省统计局公布的数据显示，2021年，海南省共接待国内外游客8100.43万人次，同比增长25.5%；旅游总收入1384.34亿元，同比增长58.6%。

从现代服务业来看，根据《总体方案》的要求，海南将集聚全球创新要素，深化对内对外开放，吸引跨国公司设立区域总部。创新港口管理体制机制，推动港口资源整合，拓展航运服务产业链，推动保税仓储、国际物流配送、转口贸易、大宗商品贸易、进口商品展销、流通加工、集装箱拆拼箱等业务发展，提高全球供应链服务管理能力，打造国际航运枢纽，推动港口、产业、城市融合发展。建设海南国际设计岛、理工农医类国际教育创新岛、区域性国际会展中心，扩大专业服务业对外开放。完善海洋服务基础设施，积极发展海洋物流、海洋旅游、海洋信息服务、海洋工程咨询、涉海金融、涉海商务等，构建具有国际竞争力的海洋服务体系。建设国家对外文化贸易基地。海南省统计局公布的数据显示，2021年，海南现代服务业实际使用外资32.2亿美元，占全部外资比重达91%。

从高新技术产业来看，根据《总体方案》的要求，海南将聚焦平台载体，提升产业能级，以物联网、人工智能、区块链、数字贸易等为重点发展信息产业。依托文昌国际航天城、三亚深海科技城，布局建设重大科技基础设施和平台，培育深海深空产业。围绕生态环保、生物医药、新能源汽车、智能汽车等，壮大先进制造业。海南省统计局公布的数据显示，2021年，海南全省有高新技术企业1203家，增长43.6%；高新技术产业实现营收3432.6亿元，同比增长32.8%，实现增加值961.96亿元，占全省GDP的比重为14.9%。与此同时，《海南省高新技术产业“十四五”发展规划》提出，海南高新技术产业体系突出“3+3”重点产业，主要包括加快发展数字经济、石油化工新材料和现代生物医药三大战略性新兴产业，培育壮大以“陆海空”为主的三大未来产业。到2025年，海南高新技术产业产值突破8000亿元，其中，新型工业产值突破4000亿元，数字经济产业营业收入达到4000亿元。高新技术产业增加值占地区生产总值比重达到15%。

从热带特色高效农业来看，海南是热带省份，全省陆地面积占中国热带土地的42.5%，是中国冬季的“菜篮子”和“果盘子”。海南正立足热带气候、资源禀赋、生态环境、自由贸易港政策四大优势，按照特色化、规模化、品牌化、产业生态化和生态产业化四大方向，着力打造六大热带农业“特色名片”，即国家南繁科研育种基地、国家冬季瓜菜生产基地、热带水果生产基地、热带作物生产基地、现代渔业生产基地、特色畜禽生产基地。未来，海南将积极开展世界同纬度热带果蔬引进利用，围绕冬季瓜菜、水稻、水产养殖、文昌鸡、天然橡胶、槟榔等6个优势产业和南繁种业、甘蔗、胡椒、咖啡、芒果、荔枝、火龙果、菠萝、蜜瓜、榴莲、茶叶等11个潜力产业，推进培育全产业链。海南省统计局公布的数据显示，2019—2021年三年海南热带特色高效农业增加值分别为785亿元、842.89亿元、962.04亿元，增速分别为3.1%、4.1%、14.1%，良好的发展态势已经呈现。

从三大未来产业来看，海南充分发挥自身"温度""深度""纬度"的优势，加快培育以南繁、深海、航天等"陆海空"为主的三大未来产业。目前，海南已在"陆海空"领域形成了高新技术产业的特色品牌，科技创新优势明显。比如，在南繁产业领域，海南将依托极佳的科研育种自然条件，以及种业科技领域顶尖科研资源的集聚优势，重点聚焦南繁科研及服务、种质资源鉴定存储、种业贸易、知识产权交易等领域，打造服务全国、面向世界的"南繁硅谷"。又如，在深海产业领域，海南拥有深海研发试验的最佳天然场所，汇聚诸多国家级顶尖海洋科研机构，多次承担国家重要深海科考任务，未来将进一步聚焦深远海科考探测、海洋生态保护与利用等领域，打造深海科技创新高地。另外，在航天产业领域，海南文昌航天发射场是中国首个滨海发射基地，具有纬度低、射向宽、安全性好、运输综合限制少等优势。未来将进一步围绕航天高端装备制造、航天大数据、商业航天等领域，打造中国航天国际合作重要平台。

从放宽市场准入的角度来看，国家着眼开放大局、立足海南实际，提出包含医疗、金融、文化旅游等各个领域的诸多具体措施，通过放宽市场准入，吸引更多市场主体参与自由贸易港建设，为海南加快建设现代产业体系带来新的政策红利。比如，国家发展改革委、商务部等部委已经联合出台了涉及22条具体举措内容的《关于支持海南自由贸易港建设放宽市场准入若干特别措施的意见》(以下简称《特别措施》),以此作为中央支持海南自由贸易港建设的重要基础性制度安排,为未来自由贸易港建设指明了方向。习近平总书记在“4·13”重要讲话中明确指出,海南发展不能以转口贸易和加工制造为重点,而要以发展旅游业、现代服务业、高新技术产业为主导,更加注重通过人的全面发展充分激发发展活力和创造力。四年多来,海南加快建立以旅游业、现代服务业、高新技术产业和热带特色高效农业为支撑的现代产业体系,初步形成了依托开放、服务开放、引领开放的现代产业格局。

首先,放宽市场准入为自由贸易港的旅游业和现代服务业带来新的增长点。比如,《特别措施》聚焦创新医药卫生领域市场准入方式,其中支持开展互联网处方药销售、加大对药品市场准入支持、支持海南高端医美产业发展、优化移植科学全领域准入和发展环境等四项举措均涉及博鳌乐城国际医疗旅游先行区的产业发展,势必将大幅度提升海南医疗旅游产业的竞争力,提升高端医疗和康养服务水平,有利于自由贸易港做好“旅游+医疗”这篇大文章,促进旅游和医疗的“消费回流”。

其次,放宽市场准入为自由贸易港的高新技术产业开辟广阔创新空间。比如,《特别措施》支持优化海南商业航天领域市场准入环境,推动实现高质量发展,包括支持在海南开展北斗导航国际应用示范;支持设立社会资本出资、市场化运作的商业航天发展混合所有制改革基金;鼓励保险机构在依法合规、风险可控的前提下，开展航天领域相关保险业务；支持商业卫星与载荷领域产学研用国际合作，鼓励开展卫星数据的国际协作开发应用与数据共享服务等。这些措施都将为培育深空产业提供坚实支撑和保障，强力推动以文昌国际航天城为代表的航空航天产业集聚发展。

总而言之，《特别措施》的出台实施是海南自由贸易港建设过程中持续推进、持续发力的重磅举措，有利于推动海南成为全国畅通市场准入的样板，有利于海南自由贸易港打造具有较强影响力和竞争力的治理模式，有利于稳定国内外投资者的信心与预期并加速汇聚全球高端要素，确保海南在医疗、教育、金融、文化等服务贸易领域做到“既准入又准营”，支持海南在商业航天、种业、新能源基础设施等领域持续优化和放宽市场准入环境，进一步推动海南打造以旅游业、现代服务业、高新技术产业和热带特色高效农业为支撑的现代产业体系，进而使海南成为全球营商环境最开放、最友好、最具吸引力的地区之一。

第三篇

自贸新举措

第一章　以法治建设为引领　打造法治化、国际化、便利化的一流营商环境

法治是最好的营商环境。作为我国新一轮对外开放的最新形态，海南自由贸易港将代表中国最高水平的营商环境，在法治建设上必须走在前列。在海南建省办经济特区30周年的历史起点上，习近平总书记亲自谋划、亲自部署、亲自推动在海南建设中国特色自由贸易港。这是海南发展新的时代机遇，对海南的法治建设提出了新的更高要求。四年多来，海南立足自由贸易试验区和自由贸易港建设实践，不断深化法治体系建设，为推动海南建设成为新时代全面深化改革开放的新标杆、形成更高层次改革开放新格局提供有力法治保障。

一是全面贯彻落实《中华人民共和国海南自由贸易港法》（以下简称《海南自由贸易港法》）。海南抢抓2019年全国“两会”明确启动海南自由贸易港法立法的重大机遇，全力配合全国人大的立法调研和起草工作，加快推动制定包括财税、投资、用地、人口流动等方面的自由贸易港法律法规体系建设进程。2021年6月10日，十三届全国人大常委会第二十九次会议全票表决通过了《海

南自由贸易港法》。该法明确，国家在海南岛全岛设立海南自由贸易港，分步骤、分阶段建立自由贸易港政策和制度体系。该法规定国务院及其有关部门根据需要及时依法授权或者委托海南省人民政府及其有关部门行使相关管理职权，授权海南省人民代表大会及其常务委员会根据本法结合实际需要制定海南自由贸易港法规。该法共8章57条，聚焦贸易自由便利、投资自由便利、财政税收制度、生态环境保护、产业发展与人才支撑等内容，对自由贸易港的功能定位、运行方式、管理模式进行了顶层设计，为海南推进高水平制度型开放提供了原则性、基础性法治保障。

二是严格落实新出台的《外商投资法》。结合建设自由贸易港需求，海南已经启动废止或修订与《外商投资法》不符的地方法规、规章和规范性文件，确保《外商投资法》在海南落地实施并畅行无阻。

三是主动探索国际商事争端解决机制。海南国际仲裁院于2018年7月在海口挂牌成立，是继深圳国际仲裁院之后全国第二家以理事会为核心治理机制的国际仲裁机构。海南省政府出台《海南国际仲裁院（海南仲裁委员会）管理办法》，依法确认海南国际仲裁院的法律地位、管理体制和运行体制，将其纳入法治化的管理轨道。

四是确保有法必依、依法办事。海南各级党委、政府坚持政策制定与执行的连续性，坚决做到“新官要理旧账”和“一张蓝图干到底”，不断优化法治化营商环境，以此吸引国内外投资者，树立海内外投资海南、扎根海南的信心。

加强自由贸易港相关法治体系建设，充分发挥法治的引领、保障、促进作用，对于营造国际一流的自由贸易港法治环境具有重大意义，体现了我国进一步扩大对外开放、坚定支持经济全球化的信心和决心，向世界展示了海南对标世界最高水平开放形态、建设中国特色自由贸易港的宏伟蓝图。

第一，充分彰显法律法规体系在自由贸易港建设过程中的引领作用。出台《海南自由贸易港法》，有利于增强海南法治化营商环境的可预期性和透明度。海南自由贸易港立法的最大价值在于保障贸易、航运、投资和金融等各领域跨境活动的自由化，充分体现资本自由流动、企业自由设立、船舶自由进出、货物自由出入、人员自由进出等自由贸易港特征，并为与国际接轨的多元化争议解决机制奠定基础。海南应主动借鉴国际知名自由贸易港的成功经验，例如，马耳他依靠1973年颁布的《商业航运法》和1990年颁布的《自由港法》两部主要自由贸易港法律，推动营商环境不断改善，保证自由贸易港有效运行。马耳他这个仅有40多万人口的小国之所以能成为商船注册数量排名全球第八的海运国，拥有的船舶注册量位居欧洲第二位，其完善的法律体系功不可没。纵观世界知名自由贸易港，比如新加坡、阿联酋迪拜，成功发展的关键要素就是法治先行。对于海南来说，完整、健全、高效、公正的法律法规体系，是确保自由贸易港建设顺利推进的关键性、基础性制度体系。

第二，大力发挥法律法规体系在自由贸易港建设过程中的保障功能。目前，海南自由贸易港建设最重要的是实现早期安排、早期收获，但新冠肺炎疫情肆虐全球，海南自由贸易港建设面临较大挑战，然而所谓危机乃是“危中有机”。一方面，海南要积极应对新冠肺炎疫情对海南在国际上招商引资和招才引智方面带来的不利挑战，世界经济和国际金融市场面临的剧烈动荡，必然不利于海南自由贸易港建设。另一方面，海南要转危为机，坚定扩大开放的前进步伐，争取在可能发生的全球产业链调整中，推动海南的产业链从低端走向高端，从依靠低成本劳动力向依托高新技术产业升级。在这一过程中，法律法规体系的保障功能至关重要。海南省人大及其常委会在制定相关配套法律法规时，应充分保障“负面清单”“非违规不干预”的准入模式，落实开展离岸贸易和离岸金融的各项法律条款，加快通关便利化与国际贸易单一窗口建设的法律环境。以外商投资准入负面清单管理模式为重要抓手，扫清行业隐形壁垒，积极推动海南版的服务贸易负面清单管理模式尽快落地实施，用法治化手段保障市场“准入”和“准营”的大幅放宽，体现出海南法治化营商环境的独到之处。

第三，有效激发法律法规体系在自由贸易港建设过程中的内生活力。活跃的市场主体是自由贸易港繁荣发展的核心力量，国际化的法律中介机构与社会服务组织在其中发挥了“润滑剂”作用。在完善自由贸易港相关法律法规体系建设过程中，应积极培育和发展国际化的市场中介组织，大力引进国际知名会计师事务所、律师事务所、资产评估机构和咨询服务机构，使其成为自由贸易港建设的助推器。比如，马耳他作为欧洲的人口小国和航运大国，4家律师事务所全员全流程服务国内外投资商，1家商事法院受理解决所有的投资纠纷，其国际化的商事和法律服务能力不仅能满足日常需求，甚至在航运企业遭遇海盗劫持时也能帮助当事方应对解救人质的赎金交付等复杂问题。

总之，自由贸易港是当今世界最高水平的开放形态，必须有世界一流的营商环境与之相匹配。《总体方案》提出：到2025年，海南自由贸易港营商环境总体达到国内一流水平；到2035年，营商环境更加优化。海南必须将优化营商环境视为决定自由贸易港建设成败的最重要因素，突出法治化、国际化、便利化的要求。海南需从四个层次同步推进营商环境优化。一是抓营商环境问题表层修复，“化存量、减增量”，推动解决历史遗留问题，要尽量杜绝“新官不理旧账”的现象。二是对标国内一流，充分学习借鉴北京、上海等先进发达省市的成功经验，瞄准最低市场准入、最简权力清单、最优审批服务、最有效监管的目标，在提高审批效率和审批服务上下功夫，最终建立基于信用体系、分类分级、智能化的事中事后监管体系。尤其是要依托“智慧海南”建设，以科技赋能营商环境持续优化。三是建设服务型政府，构建全方位企业服务体系。政府要当好“店小二”，真正做到“有呼必应、无事不扰”。四是对标国际标准，尤其是要借鉴世界银行等国际组织针对营商环境的评估体系及指标，逐步打造世界一流的营商环境。

第二章　推动全面创新是海南自由贸易港建设的首要驱动力

在海南建省办经济特区30周年的时间节点上，党中央决定支持海南全岛建设自由贸易港，支持海南逐步探索、稳步推进中国特色自由贸易港建设，分步骤、分阶段建立自由贸易港政策和制度体系。这为步入而立之年的海南注入了新的发展活力，对海南再一次走在改革开放前列提出了更高要求。肩负时代重任，只有把创新贯穿于中国特色自由贸易港建设始终，才能踏着改革开放的时代步伐，真正成为新一轮改革开放的重要窗口和试验平台，真正展现出新时代开拓者和实干家的风采。

改革开放以来，海南从一个相对封闭落后的边陲岛屿，发展成为我国最开放、最具活力的地区之一，经济社会发展取得巨大成就，人民生活水平显著提高，法宝就是坚定不移地深化改革开放，推动全面创新。四年多来，海南建设自由贸易试验区和自由贸易港的成功经验，也再次印证了全面创新的关键性作用。为优化营商环境、提升社会治理水平，截至2021年7月15日，海南正式对外发布了13批123项制度创新案例。比如，海南"一手抓疫情防控，一手抓经济发展”，在全国首创复工复产企业疫情防控综合保险。海南要继续让创新成为中国特色自由贸易港建设的首要驱动力，通过推进科技创新、制度创新、文化创新、管理创新等全方位、立体式、多维度的全面创新，努力把海南打造成为我国全面深化改革开放的新标杆。

第一，让科技创新成为海南自由贸易港最具活力的经济要素。科学技术是第一生产力。海南要持续推进科技创新“五大平台”建设，构建国家南繁科研育种基地、国家热带农业科学中心、全球动植物种质资源引进中转基地、国家深海基地南方中心和航天领域重大科技创新基地。通过完善科技创新体制，打造深海、南繁、航天的“海陆空”立体式科技创新体系，不断优化科技创新的能力和水平，确保科技创新成为经济体系中最具活力、最有效率的投入要素。充分发挥科技创新的引领带动作用，使各类经济要素向科技创新聚拢，围绕科技创新配置，形成更高质量的产出效益。

第二，让制度创新成为海南自由贸易港最快见效的政策推力。开放的动力源自改革，改革的办法依靠创新。海南要围绕建设全面深化改革试验区的战略定位，加快制定符合自由贸易港发展要求的各类负面清单，包括市场准入负面清单、外商投资准入负面清单、跨境服务贸易负面清单，形成法治化、国际化、便利化营商环境，最大限度拓展市场空间，确保各种所有制市场主体能够依法平等地参与竞争。建立具有国际竞争力的税收制度，针对旅游业、现代服务业和高新技术产业等领域出台具有吸引力的财税政策，进一步为海内外企业家的聪明才智开拓更广阔的发展空间，使知识、技术、资本、劳动、管理等社会财富源泉得以充分涌流。

第三，让文化创新成为海南自由贸易港最亲和的社会凝聚力。只有人心所向，才能人气兴旺。要大力营造创业创新的社会氛围，鼓励实干进取、只争朝夕的社会风气，把市场经济条件下的创新小溪汇成全社会的创新洪流，让海南真正成为大众创业、万众创新的热土。要充分发挥海南的红色文化、海洋文化、热带雨林文化、黎苗文化、饮食文化特色，着力扶持琼剧等地方戏曲，通过打造一批精品文艺项目和工程，传承好黎锦、手工制陶、藤编、山兰酒酿制工艺、手工锻银等非物质文化遗产项目，以文化为灵魂，旅游为载体，更好地向中外宾客展现独特的本土文化产品。

第四，让管理创新成为海南自由贸易港最具特色的治理能力。宏观层面的改革成效依赖于微观层面的管理水平提升。要努力推动管理创新，跟得上“放得开、管得住”的新型社会治理体系建设要求。要统筹协调和着力构建各类风险防控体系，管控好国家安全风险、国际贸易风险、金融系统风险、税收征管风险、事中事后监管风险、数据跨境流动风险、民生风险和公共卫生风险。实现对人流、物流、资金流、信息流全方位、全天候有效精准管控。以社会管理信息化平台建设不断完善，风险管控能力持续强化，推动海南加快全面深化改革开放的步伐。

第三章　“向海而兴”让海洋成为海南自由贸易港建设的最大资源和最强动力

海南因海得名，海洋是海南的最大资源，海洋经济是海南发展的最大动力。中共十八大以来，海南省委、省政府高度重视海洋经济发展，积极布局、合理引导，海洋经济产业体系初步建立，海洋基础设施建设初具规模，海洋科技支撑能力有所提升，海洋监管综合能力逐步提高，海洋经济发展的格局已基本形成。一是海洋旅游业快速发展，游轮旅游、游艇旅游、邮轮母港和游艇码头建设成效显著。比如，海口市国家帆船帆板基地公共码头投入使用，先后举办第一届中国帆船联赛总决赛、中国家庭帆船赛总决赛等8个赛事。2021年，海南省共接待国内外游客8100.43万人次，同比增长25.5%；旅游总收入1384.34亿元，同比增长58.6%；新评29家A级旅游景区，保亭、陵水获评国家全域旅游示范区。二是积极培育海洋渔业，传统养殖、捕捞、加工和运输的转型升级有序推进。比如，设立国家级海洋牧场示范区，无论是渔业养殖还是渔业育种，海南逐步走向深海，打造“蓝色粮仓”。截至2022年，海南省深水网箱养殖累计达12454口（折算成标准箱），规模排名全国第二。海南省农业农村厅申请中央渔业发展资金，积极支持深远海养殖装备建造，施行深远海养殖优惠政策。三是推动传统海洋产业转型升级，海洋资源环境保护取得明显成效，“多规合一”、地方立法和发展体系规划顺利实施。比如，海口大力推进国家海洋经济创新发展示范城市建设，陵水获批建设国家海洋经济发展示范区，三亚、文昌、琼海、东方和儋州等市县同步开展休闲渔业试点。

但与此同时，海南海洋经济发展过程中存在的一些短板亟待补齐。一是海洋经济总量偏低。2021年全国海洋生产总值约9.04万亿元，其中广东和山东的海洋生产总值达1.99万亿元和1.49万亿元，而海南海洋生产总值预计仅有1989.60亿元，仅约占全国的2%，这一比例与海南拥有全国60%以上的海洋资源极不相称。二是经济发展结构有待完善。2021年，海南经济三次产业比重为19.4∶19.1∶61.5，与我国沿海发达省份广东的4.3∶39.2∶56.5和山东的7.3∶39.9∶52.8相比，一次产业比重过高，二次产业比重较低，特别是海洋产品的深加工能力还十分欠缺。三是海洋经济新业态发展尚不充分。在以发展海洋新能源、海洋牧场、海洋生物医药为代表的新兴业态上未能使产业链上下游高效衔接，产业规模和带动效应有待形成。

建设海南自由贸易港，海洋既要发挥基础性、资源性作用，更要借力政策东风，推动海洋经济发展迈上新台阶。海南要充分借助国家实施“一带一路”倡议、海洋强国、军民融合等重大发展机遇，进一步发挥地方主体作用，多措并举、综合施策，努力推动海南成为全国海洋经济发展的重要增长极和建设海洋强国的重要功能平台。

第一，树立海洋意识，积极推动海洋经济转型升级上台阶。在“一带一路”倡议、海洋强国、军民融合等国家重大发展机遇中发挥好服务保障作用，把海南打造成为21世纪海上丝绸之路的重要枢纽和我国面向太平洋、印度洋的重要开放门户。世界各国都高度重视深海和远洋开发，例如俄罗斯已经把国旗插到白令海峡的底部，以彰显其重大关切。面对新形势和新要求，要有新认识和新作为。一是进一步强化海洋国土意识。开发保护临海和近海，发展面向深海和远洋。二是坚持陆海统筹和空天海一体化发展，通过北斗卫星密切监测洋流和气流的变化，科学研判海洋规律。三是发扬开放包容精神，加强国际交流合作。积极探索海洋环保、海洋科学研究、海上航行和交通安全、海上搜寻与救助、海洋气象灾害监测和预警、打击跨国犯罪等领域国际合作。

第二，坚持问题导向，切实解决海洋经济发展面临的体制性机制性障碍。胸怀宽广是海洋最大的特点，发展海洋经济也要有大海一样的开放胸怀和改革胸怀，全力实现海洋经济战略性调整、结构性转型、产业化升级。一是优化海洋经济的空间格局。在临海临港、沿海岛屿、近海、深海和远洋开发建设方面通盘考虑、合理规划。二是构建现代海洋产业发展体系。进一步完善传统产业的转型升级、构建新产业、新业态、新模式。三是加强海洋基础设施建设。提高海洋运输、港口通信和海底监测能力。四是打造海洋公众服务体系。提升预测监测、应急预警、灾害风险评估和救助打捞水平。五是完善生态环境建设，精心优化自然岸线、生态岸线、景观岸线、生产岸线和防灾减灾岸线的布局。

第三，激发改革精神，全面推进海洋经济改革创新。一是坚持市场配置资源的决定性作用，对国内外投资，国企、外企和民企做到一视同仁，利用好各种发展海洋经济的平台、载体和抓手。二是创新监管体系，在机制体制创新，提高工作效率和综合执法试点方面有所突破。三是通过引进龙头企业促进产业转型，以“产学研相结合、育繁推一体化”模式发展海洋种苗产业，提高产品附加值、拉伸延长产业链。四是加快海洋牧场等新业态建设，带动产业在加工、冷链和物流方面高效衔接，增强产业规模和带动效应。五是加强对国际服务机构的招商引资力度，推动实现高起点跨越式发展，引进一批国际知名船级社、班轮公司、船舶交易机构以及航运融资、航运保险等方面的金融服务企业。

第四章　以招商引资的新突破为海南自由贸易港建设注入强大活力

做好招商引资工作是推动海南经济高质量发展的关键举措。2018年4月13日以来，海南相继开展了“百日大招商”和“海南自由贸易港建设项目集中开工和签约”活动，成绩斐然，硕果累累，成功向海内外宾客和投资者展现了海南“海纳百川、有容乃大”的发展气魄，彰显了海南“内容至上、项目为王”的招商引资工作理念，让海内外充分感受到海南经济脉搏的强劲跳动。比如，多家世界500强企业和国际四大会计师事务所入驻海南，其中包括新加坡淡马锡集团、德国欧绿保集团等具有影响力的外资企业。又比如，2021年，海南货物贸易增长57.7%，首次突破千亿元，服务贸易增长55.5%，新型离岸国际贸易收支增长4倍。全省经济外向度提升7.1个百分点，实际利用外资增长16.2%，新设立外商投资企业增长92.6%。海南招商引资工作已经形成了点对点精准招商引资的工作新格局。一是有力推动海南省旅游业、现代服务业、高新技术产业的培育发展和中央各项部署政策的稳步落地。二是对于全省调整优化产业结构、蓄积高质量发展动能起到了积极的促进作用。三是高质量的项目建设和大批量的企业入驻势必为加快探索建设中国特色自由贸易港打下坚实基础。

荣耀代表过去，未来更需努力。必须清醒地认识到，同国际上如新加坡、迪拜等发达先进的自由贸易港相比，海南的招商引资工作尚有提升空间。招商引资工作是考验耐力、定力、爆发力的系统工程，可以说没有完成时只有进行时，海南需要百尺竿头更进一步，实时、动态跟踪市场主体诉求，进一步综合施策，开拓招商引资工作新局面，助力海南形成对外开放的新格局。

第一，打造市场化、法治化、国际化营商环境，为招商引资提供根本保障。一是建立健全法治保障机制。建议加快海南自由贸易港法的立法进程，构建和完善商事纠纷解决机制和国际化仲裁机制，形成“有法可依、依法办事”和契合经济发展最高水平开放形态的法治化环境。二是以“证照分离”改革全覆盖试点为契机，深化“放管服”改革、持续简化审批和优化企业办事流程，降低企业进驻门槛，根治“准入不准营”现象，保障海内外各类市场主体公平竞争和发展，以“无微不至”的服务和“交口称赞”的口碑助力招商引资。三是加强财税支持力度，充分发挥财税政策对招商引资的引导和鼓励作用。以企业所得税税率为例，新加坡的税率为17%，但可采取“一企一策”的灵活税率政策。

第二，聚焦发展规划，对标四大主导产业，锁定招商引资目标。自由贸易港的产业竞争力体现在“小而精”“精而美”，需要注意的是“大而全”的招商模式效率低下、难以持续。一方面，建议紧盯市场行情和产业发展趋势，引进能在全国乃至全球做到细分市场领先的产业项目，结合发展战略规划将招商目标锁定在特定产业和特定投资国，定向招揽现代农业、教育、医疗、深海和航天科技等方面的特定产业。面向欧美、中东和东盟国家，锁定特定投资国进行招商。另一方面，要聚焦领军企业，激发示范带动效应。领军企业代表了产业发展的最高水平，领军企业进驻海南，不仅是自由贸易港建设效果的试金石，而且起到牵一发而动全身的示范效应。建议根据财富世界500强、福布斯全球上市公司2000强和中国民营企业500强榜单，按照自由贸易港建设重点领域，分门别类制定招商目标，吸引相关行业领军企业落地。

第三，延伸产业链条，打通产业上中下游，做好产业链招商"文章"。以提升海南产业纵向一体化程度为抓手，降低市场交易成本，促进产业体系走向成熟。海南应围绕产业链拓展招商视野，上中下游联动，以领军企业为节点，向其两端供应链及服务链延伸招商。深挖龙头企业各级配套供应商和产业链短板，接通产业链条中的缺失环节，通过产业链的延伸形成产业配套集群。紧盯上游研发设计类企业、中游生产加工类企业、下游销售物流类企业，进行精准招商。

第四，下放招商权限，实现多方协同作战，加大自由贸易港政策宣介力度，使中国特色自由贸易港金字招牌"声名远播"。依托海南国际经济发展局的体制机制和专业招商优势，加快形成各地、各部门和各园区合力招商、全域招商局面。同时，可考虑下放招商权限，出台招商引资负面清单，赋予各地、各部门和各园区在使用土地等方面一定的承诺权、谈判权、决策权。挖掘利用我国驻外使领馆、海外华人商会、智库和学术机构、中资企业的资源及网络，派遣专业化招商人员在重点国家和地区常驻招商。委托第三方招商服务中介机构，特别是新加坡、迪拜、中国香港等成熟自由贸易港的中介机构，在当地开展常规性宣介和引资活动。

第五章　大力发展总部经济助力海南自由贸易港建设

建设海南自由贸易港是我国进一步扩大对外开放的重要举措。《中共中央 国务院关于支持海南全面深化改革开放的指导意见》明确指出，“鼓励境外机构落户海南。支持海南推进总部基地建设，鼓励跨国企业、国内大型企业集团在海南设立国际总部和区域总部”。企业是市场经济中最活跃的主体，自由贸易港建设需要激发、吸引众多企业参与其中，共同构建充满活力的对外开放新局面。

首先，总部经济体现经济发展质量和对外开放程度。企业总部是企业运营管理的核心，一个地区能否吸引企业总部落地经营，不仅反映了本地经济发展水平的高低，也代表了一个地方经济发展质量和对外开放程度的高低。总部经济一旦形成，就可以给当地区域经济发展带来诸多明显的外溢效应，比如税收供应效应、产业聚集效应、产业关联效应、消费带动效应、就业乘数效应、资本放大效应等。海南省始终高度重视招商引资，特别强调要发展总部经济，引进一批实力强、在国际国内具有重要影响力的大型企业在海南设立总部或区域总部，以此集聚起自由贸易港建设的强大动能。推动总部经济发展是一项提升市场环境的系统工程。有了与众不同的市场吸引力才能让企业总部纷至沓来、落地生根。包括区位优势、接近目标市场和客户、政府财税扶持政策和高效有序的行政能力、充足的人力资源、开放高效的金融资本环境、良好的生活条件、低廉的营运成本、稳定的社会环境和规范透明的法律监管体系等在内的众多要素，都是企业设立总部时需要权衡的方面。

其次，自由贸易港建设为总部经济发展带来难得机遇。自由贸易港建设为海南总部经济发展创造一流营商环境，奠定坚实政策基础，恰好为海南总部经济发展提供了前所未有的契机。一是投资领域开放降低了市场准入门槛，有利于吸引企业总部特别是外资企业总部进入海南现有的优势制造产业及航运物流、电子商务、高新技术、财务咨询、法律等服务行业。二是贸易发展方式转型升级形成新的行业优势，有利于打破传统的以转口贸易和加工制造为重点的产业格局，逐步形成以发展旅游业、现代服务业、高新技术产业和热带特色高效农业为主导的新产业优势，吸引带动旅游业、现代服务业、高新技术产业和热带特色高效农业企业总部以海南为中心发挥面向太平洋和印度洋的辐射效应。三是金融领域创新体现了资本市场的蓄水池效应，有利于加速资本市场发展和资金流动，降低企业总部的资金交易和运营成本，使海南成为企业地区资金总部和结算总部。四是政府职能转变创造了良好的经济运行环境，政府的角色由规则执行者转变为规则制定者和保障者，提供更加公正的市场约束机制、有效的公共服务以及高效的行政服务，有助于降低企业总部运行成本，提高经营效率。

最后，以更大力度推动海南总部经济发展。毫无疑问，发展总部经济一方面是自由贸易港建设带来的重大经济红利，另一方面也是自由贸易港建设的推动力量。截至2021年年底，大唐集团国际贸易总部、中免集团（海南）运营总部、中国旅游集团已注册落地；中国远洋海运集团、招商局集团、中化集团、国投集团、中国机械工业集团、保利集团等中央企业分别与海南省政府签署战略合作框架协议，携手推动海南总部经济、重点产业等发展。此外，阿里巴巴、腾讯、京东等国内知名企业，以及淡马锡、毕马威、德勤、戴德梁行等外资企业也在积极参与发展海南总部经济。

但与自由贸易港建设的宏伟目标相比，海南总部经济发展无论是在规模、速度上，还是在结构、质量上都存在着进一步提升的空间，必须紧密结合自由贸易港建设任务大力发展总部经济，具体如下。

第一，明确发展方向，制定完善政策。海南发展总部经济，应首先结合自身条件和可行政策分析，判断发展方向，聚焦重点引进的企业总部类型。鉴于海南在社会经济、区位、人才等方面存在较多的先天不足，海南应该用足、用好政策工具，积极制定配套政策，确保留住和培育壮大前来落户的总部企业。具体来看，海南应首先充分利用《总体方案》中对注册在海南自由贸易港并实质性运营的鼓励类产业企业，减按15%征收企业所得税，对在海南自由贸易港设立的旅游业、现代服务业、高新技术产业企业，其2025年前新增境外直接投资取得的所得，免征企业所得税等规定，以及各类投资、金融方面的特殊政策安排。以此为基础，海南可重点吸引以下几种企业设立地区性总部。一是全球年度销售额超过7.5亿欧元的“中、外、中”模式的中国大型跨国公司。若其在海南设立管理海外分公司的地区性总部，可在满足法律合规性的同时享受海南税收优惠。二是我国企业以海南为跳板“走出去”而设立的地区总部、财务资金中心等。三是部分希望将生产部门转移到其他国家或母国的在华外资企业。四是紧随外贸数字化转型潮流，在海南建立服务与商品出口的数字化跨境远程销售总部和仓储物流中心的我国企业。在此基础之上，海南还应借鉴如新加坡、迪拜等较为成功的自贸区（港）的经验，制定针对总部企业、管理人员等的相关优惠政策。在企业方面，可以提供降低总部设在海南、在中国内地开展业务的企业所得税税率，针对企业进行适度税收返还，适度减免企业高管的个人所得税，在土地出让金方面给予优惠等政策，对总部企业发展予以支持；在人才方面，对于符合海南省高层次人才认定条件的总部企业高级管理人员、专业人才，其本人及其配偶、未成年子女，可享受出入境、居留、落户、医疗、教育、就业等方面的配套服务和优惠政策。同时，需要科学搭配总部经济集聚区内的配套设施，完善功能配套，提高服务质量。

第二，优化产业结构，提升技术水平。总部经济的发展有赖于在价值链上的比较优势，为此，海南需要借助自由贸易港建设的窗口，推动优势产业升级，加速产业结构优化，突出总部经济特点，提升核心竞争力。《总体方案》提出，海南要大力发展高新技术产业，不断夯实实体经济基础，增强产业竞争力。《总体方案》政策亮点多、含金量大、关联度高、整体性强，为实体经济发展提供了极佳的政策环境。海南不仅要继续发挥原有产业基础和资源优势，还要充分把握政策红利，整合优势、聚焦聚力，利用国际国内两个市场和资金的便利性，结合《总体方案》中的“两个15%”所得税政策，着力发展高新技术产业、旅游业和现代服务业，实现产业集聚发展。具体而言，海南在推动总部经济发展时，一方面需要继续依托海南得天独厚的热带农业资源和特色农业的产业优势，在发展热带高效农业等第一产业的同时以延伸农业产业链为导向，完善农业上下游产业链，健全产业链利益联结机制，吸引岛外涉农企业入驻海南，通过整合农业产业链资源，营造有助于大型农企发展的产业氛围，吸引岛外大型农业企业在海南设立采购、深加工、销售等环节的职能型总部，加快发展“农业+旅游”相结合的第三产业，实现三产融合。另一方面也要结合海南实际，超前布局和发展医疗健康、互联网、会展业、总部经济、现代金融、现代物流、教育、信用评级、检验检测认证、人力资源等现代服务业，加快发展服务型、开放型、生态型经济；把握全球产业发展的新动向，引进信息与通信技术（ICT）、云计算、人工智能等高新技术产业，培养未来具有竞争力的独角兽企业，逐步将海南建设成为立足自由贸易港、面向全世界的总部经济集聚中心。

第三，引进与培养并举，增大总部经济基数。增大总部经济的体量，海南一方面要吸引外部经济，另一方面要培育原有企业做大做强。《总体方案》提出，对外商投资实施准入前国民待遇加负面清单管理制度。海南总部经济的发展离不开高水平开放的服务业市场准入，需要实施更短的市场准入负面清单和跨境服务贸易负面清单。因此，在自由贸易港建设和总部经济发展过程中海南要注重在以下四个方面发力。一是引进跨国企业和国内大型企业集团等总部企业落户、聚集和发展。二是鼓励海南现有总部企业做大、做强、做优。三是制定相关扶持措施，推动本地部分极具潜力的优势企业加速成长，发展升级为总部企业，实现海南总部经济规模和质量的整体提升。四是扩大服务业开放，在金融业领域积极引进证券基金期货经营机构，以及财产公司、人身险公司、再保险公司等金融机构，加快培育海南银行业，同时加快建设和集聚律师事务所、会计师事务所、咨询服务机构、评估机构等中介服务机构，以此更好地服务海南总部企业，增强海南的吸引力与竞争力。

第四，推进政府机构改革与政府职能转变。从政策方面来看，总部经济能否持续健康发展，取决于政府政策透明度、行政能力和服务水平等关键因素，这些都对政府的行政管理能力提出更高要求。《总体方案》对岛内营商环境的优化提出了较高要求，包括全面推行"极简审批"、深化"证照分离"改革、实施市场准入承诺即入制、制定外商投资准入负面清单、建立海南国际知识产权交易所、建设"智慧海南"等。以上举措将为海南营造公平、透明的营商环境提供良好的基础，大大增强海南对总部企业的吸引力，提升海南的国际竞争力。因此，海南要注重培育政府治理的精简性、高效性、统一性、灵活性，要积极逐步落实《总体方案》的具体要求，深化“放管服”改革，深化政府行政机构改革，不断提高治理效能和行政管理效率，同时要增强政府能动性，切实打造服务型政府，主动帮助企业总部解决落户与运营过程中遇到的各项困难。在监管上，要创新政府监管模式，完善社会信用体系建设，建立健全过程监管体系，探索构建信用监管制度。为了吸引更多企业入驻，海南应对总部经济开展便利化管理服务，切实发挥“互联网+”、大数据、区块链等现代信息技术作用，实现政务流程再造和政务服务“一网通办”，加强数据有序共享，制定完备、便利化的企业审批措施，不断优化行政管理职能与流程，借助体制机制创新促进总部经济发展。具体而言，包括在项目落地前简化和优化审批流程；在项目落地过程中，推行负责人指导制度，从项目洽谈、注册落地、开工建设、竣工验收、投产运营等方面设立专人或小组服务和推进；在项目落地后，为企业提供有持续吸引力的政策支持和配套服务，留住企业并促进企业发展，推动总部经济取得跨越式可持续发展。

五是构建开放引才机制，创新人才培养体系。全球化时代，国家的竞争力很大程度上取决于各类人才的创造创新活动。《总体方案》在制度设计部分专门指出“人员进出自由便利”，从人员的自由流动和人才的管理服务两方面，为海南自由贸易港跨境要素自由便利流动、引入自由贸易港发展所需“流量”、吸引和集聚国际“高精尖缺”人才的政策制度体系建设指明了发展方向，为建立具有海南特色的精准完善的国际人才服务管理体制机制提供了行动指南。在海南自由贸易港建设过程中同步推进海南总部经济发展，需要立足自身特点与需求大胆尝试，建立与国际接轨的全球人才招聘制度，实施更加便利化的人员自由流动政策，包括便利工作许可及工作签证政策，以及针对商务人员临时出入境实施更加宽松的政策，并完善针对符合认定标准的外国高端人才、专业人才等的居留和永久居留制度。要有效推进招才引智用贤工作，形成具有国际竞争力的人才集聚新高地。同时，要重视国际人才与本土人才的培养工作，健全人才培养和培训体系，构建更加系统、完备的人才培养与服务机制，凸显具有国际竞争力的海南特色人才制度优势，为海南总部经济的发展带来新的动力。

第六章　完善公共服务体系助力海南自由贸易港建设

建设海南自由贸易港是习近平总书记亲自谋划、亲自部署、亲自推动的改革开放重大举措，彰显了党中央进一步深化改革开放的坚定决心，代表了中国对外开放的最高水平和最新模式。海南自由贸易港建设是一次前所未有的系统性制度集成创新，涵盖经济、社会、文化、生态等众多领域。公共服务体系作为保障和发展民生的重要方面，不仅是海南自由贸易港建设的关键组成部分，而且对海南自由贸易港顺利运行起到基础性的支撑作用。海南自由贸易港建设要坚持以人民为中心的发展思想，让改革发展成果更多更公平地惠及人民。对此，习近平总书记明确指出："要始终把人民利益摆在至高无上的地位，加快推进民生领域体制机制改革，尽力而为、量力而行，着力提高保障和改善民生水平，不断完善公共服务体系，不断促进社会公平正义，推动公共资源向基层延伸、向农村覆盖、向困难群体倾斜，着力解决人民群众关心的现实利益问题。"习近平总书记的重要论述，指明了海南自由贸易港公共服务体系提质升级的战略方向，是在海南自由贸易港建设过程中优化公共服务供给、提升公共服务水平的根本遵循。改革创新公共服务体系，使之更好支撑海南自由贸易港建设，应当重点突出普惠性、基础性、兜底性民生建设，着力补齐历史短板，推动城乡基本公共服务均等化走在全国前列，公共服务水平和质量达到国际先进水平。

第一，合理布局，织密社保网络，提升公共服务的普惠水平。一是大力提高社会保障水平，逐步提高城乡居民基础养老金标准。要建立激励约束有效、筹资权责清晰、保障水平适度的待遇确定和基础养老金正常调整机制，稳步缩小新型农村社会养老保险和城镇居民养老保险待遇差距。二是建立城乡一体化的失业保险和社会救助制度。进一步完善工伤保险伤残津贴、供养亲属抚恤金等有关待遇调整和确定机制。探索建立灵活就业人员的职业伤害保障制度和参加失业保险新模式。建立健全分层分类社会救助体系制度，提高救助水平。三是解决群众急难愁盼问题，打通民生痛点、堵点。要加大住房保障力度，加快建立租购并举双轨制住房供应体系，坚持“房子是用来住的，不是用来炒的”定位，加大安居房、公租房供应力度，建立健全房地产调控长效机制和调控评价考核查处机制。精准施策，让市民吃上平价菜，做好“菜篮子”保供稳价惠民工程，提升粮食保供应急能力。

第二，多措并举促进就业创业，改进公共服务的营商环境。一方面，用好用足稳就业的各项优惠政策，推动财税、贸易、教育等各方面政策围绕稳定和促进就业精准发力。要为高校毕业生、农民工、退役军人等重点群体的就业创业提供有针对性的服务，大力提高本地就业比例和质量。学习借鉴北京中关村科技园区海淀园创业服务中心、上海张江移动互联网孵化器等创业孵化示范基地的先进经验，通过鼓励创新创业建设具有海南自由贸易港特色的全国创业孵化示范基地。打造线上线下一体化多功能公共就业创业服务平台。围绕补齐民生短板拓展公益性岗位，加大社区就业扶持力度，对生活困难群众和残疾人开展精准就业帮扶。另一方面，健全劳动关系协调机制，构建和谐劳动关系。探索逐步建立与国际接轨的劳动监管标准和规范制度，适应海南自由贸易港劳动用工特点及规律，探索建立灵活劳动用工制度，推进劳动合同制度和工资集体协商制度实施。要保障城乡劳动者享有平等的就业权利，依法纠正身份、性别等就业歧视现象，推进公平就业。

第三，统筹协调推进教育现代化，发挥公共服务的育才效能。一是鼓励支持发展服务更高水平对外开放的职业教育。办好一批符合海南自由贸易港主导产业发展和技术技能人才培养需要的中等职业学校，引导社会力量兴办职业教育培训，做强做优民办中等职业教育。要深化产教融合与校企合作，鼓励能人兼职教学，推广现代学徒制，培育产教融合型示范企业，建设一批具有辐射引领作用的专业化产教融合实训基地。二是大力提升基础教育质量。推进学前教育普及普惠发展，积极发展普惠性幼儿园，鼓励开展婴幼儿托育服务和早期发展教育。推动中小学教育优质公平发展，优化中小学校布局，全面提高义务教育学校标准化建设水平，消除大班额、严控大校额，保障学生就近享有优质教育。三是进一步推进高等教育国际化发展。争取国家相关部委支持，在完善新增招生计划和增加招生名额的前提下，吸引更多国内知名院校和科研院所进驻，引进国外知名院校在琼举办具有独立法人资格的中外合作办学机构。

第四，综合施治，改善全民健康水平，强化公共服务的人本导向。一是助推养老服务量质齐升。完善以居家为基础、社区为依托、机构为补充、医养相结合的养老服务和产品供给体系。探索居家养老服务工作由城市向农村拓展的途径，推动区域、城乡之间协同发展。要创新居家养老服务，探索“互联网+养老”服务新模式。二是提升医疗卫生服务水平。强化基本医疗保险、大病保险与医疗救助三重保障功能，促进各类医疗保障互补衔接。加快发展商业健康保险，丰富健康保险产品供给。要持续优化三级医院布局，补齐综合医院供给短板，建设一批高水平医院，推进建设一批国家和省级临床重点专科群。依托“互联网+医疗服务”，构建智慧医疗服务体系，创新医疗服务新型模式，提高医疗服务效率和质量。三是打造高水平健康服务体系。加强国家慢性病综合防控和健康促进示范区建设，开展心脑血管疾病、癌症、呼吸系统疾病、糖尿病等常见病的专项防治行动。要以社区为切入点，加强全方位健康干预，从心理、社会、环境、营养、运动等多维度为居民提供全面的健康维护和保障服务。

第四篇

创新案例研究

第一章　海南自由贸易港建设进程中的乡村振兴战略研究

[摘要]乡村振兴战略是中共十九大提出的重大国家发展战略，建设中国特色自由贸易港是新时代党中央赋予海南的新使命。在自由贸易港建设进程中实现乡村振兴，海南面临独特的机遇和挑战。自由贸易港建设为海南农业生产、农村发展、农民增收带来了开放活力、产业动力和城乡融合推力。在乡村振兴战略实施过程中，应以实现经济发展、深化改革与农业现代化、农民增收，以及对外开放与农业市场化、农村发展的有效联动为基本思路，按照“三步走”战略有序推进。坚持以统筹规划为先导，以行政区划调整为载体，以科技、信息手段为支撑，以提升物流交通水平为抓手，以促进城乡交流为基础，以乡贤治理为文化依托，形成产业强大、治理有序、基本公共服务完善、城乡差别缩小的和谐有序的城乡发展格局，实现产业兴旺、生态宜居、乡风文明、治理有效、生活富裕的乡村振兴目标。

[关键词]自由贸易港建设；乡村振兴；脱贫攻坚；海南

乡村振兴战略是中共十九大提出的重大战略,建设中国特色自由贸易港是新时代党中央赋予海南的重要使命。习近平总书记明确提出,海南要实施乡村振兴战略,发挥热带地区气候优势,做强做优热带特色高效农业,打造国家热带现代农业基地,进一步打响海南热带农产品品牌。要发展乡村旅游,打造体现热带风情的精品小镇。海南在建设自由贸易港的背景下,赋予了海南实施乡村振兴战略新的内涵和要求,在推动自由贸易港建设的同时,确保海南实现产业兴旺、生态宜居、乡风文明、治理有效、生活富裕的乡村振兴总要求,是下一步深化自由贸易港建设、深化乡村振兴战略的关键所在。

一、推进海南乡村振兴面临的机遇与存在的问题

海南是典型的工业化后发地区,农业占比较高。2021年,全省地区生产总值6475.20亿元,其中,第一产业增加值1254.44亿元,占地区生产总值比重为19.4%。海南自由贸易港建设为海南农业农村发展带来了前所未有的机遇,改革与开放为海南乡村振兴注入了强大动力。

第一,自由贸易港建设为乡村振兴注入开放活力。农业农村改革作为中国改革开放的起点,以往的成就得益于改革与开放,未来的发展依靠改革与开放。全面深化改革开放是海南自由贸易港建设的重点,促进农业农村发展作为自由贸易港建设不可或缺的一部分,为乡村振兴战略注入了新的活力。一是通过深化供

给侧结构性改革，实施乡村振兴战略，做强做优热带特色高效农业，打造国家热带现代农业基地，支持创设海南特色农产品期货品种，加快推进农业农村现代化。二是通过实施创新驱动发展战略，加强国家南繁科研育种基地（海南）建设，打造国家热带农业科学中心，支持海南建设全球动植物种质资源引进中转基地。三是通过深入推进经济体制改革，扎实推进房地一体的农村集体建设用地和宅基地使用权确权登记颁证，在海南全省统筹推进农村土地征收、集体经营性建设用地入市、宅基地制度改革试点，建立不同权属、不同用途建设用地合理比价调节机制和增值收益分配机制，统筹不同地区拥有不同类型土地的农民收益。此外，中央还支持海南推动形成绿色生产生活方式，支持海南建设生态循环农业示范省，加快创建农业绿色发展先行区。2018年10月16日，《中国（海南）自由贸易试验区总体方案》正式印发，明确指出海南要建设以天然橡胶为主的国际热带农产品交易中心、定价中心、价格指数发布中心，设立热带农产品拍卖中心。

第二，自由贸易港建设夯实乡村振兴的产业基础。实现产业化是实现乡村振兴的必由之路。根据国家乡村振兴战略规划，海南已初步形成了乡村振兴的产业定位和实施路径。2018年9月26日，中共中央、国务院印发《乡村振兴战略规划（2018—2022年）》，从全局和战略的高度对乡村振兴战略做了详细的规划。在此背景之下，海南相继出台《海南省乡村振兴战略规划（2018—2022年）》《海南省打赢脱贫攻坚战三年行动计划》等政策文件，通过建设国家热带现代农业基地、国家热带农业科学中心和“五基地一区”，带动海南农村产业振兴。《海南省打赢脱贫攻坚战三年行动计划》提出了打赢三年脱贫攻坚战重点任务的“104535”计划，即部署十大工程、四大行动、五大支撑、三大机制、五大保障，这为海南实现脱贫攻坚和乡村振兴筑牢了强大的产业支撑体系。

第三，自由贸易港建设促进城乡融合发展。城乡分制、差别对待是改革开放以来城乡差距不断扩大的根本动因，实现乡村振兴的根本目的是弥合城乡差距，实现城乡一体化发展。海南建设自由贸易港是全岛战略，城乡融合是自由贸易港政策落地的基本路径，为消除城乡差距提供了重要条件。一是海南“多规合一”改革初步形成了可复制的经验成果。海南是全国唯一的省域“多规合一”试点省份，进行改革以来，海南初步形成了统一的规划格局，在资源整合、极简审批、创新管理体制机制等方面，积累了一定的“海南经验”，最大限度地守住了环境资源的生态红线。《总体方案》明确中国（海南）自由贸易港的实施范围为海南岛全岛，相关土地、海域开发要严格遵守国家法律法规和海南省“多规合一”的总体规划，这为海南实施乡村振兴战略提供了进一步指导。二是美丽海南百镇千村工程初显成效。2016年的省政府工作报告就提出要实施美丽海南百镇千村工程，重点打造100个特色产业小镇，建设1000个宜业宜居宜游美丽乡村。目前，海南农村在人居环境、产业发展、“一村一品”方面取得了重大进展，截至2019年，海南省共验收评定816个美丽乡村，通过验收评定的星级美丽乡村示范村384个。这些村庄在规划布局、设施配套、生态人居、产业发展、乡风文明等方面取得了较高的发展水平。全省规划的100个特色产业小镇也已经全部启动建设。

机遇前景无限，但海南由于自身条件、历史包袱、制度制约等因素，在实现乡村振兴方面仍然存在很多挑战甚至是难题。海南是传统的热带农业省份，第一产业占比相对较高，城市化水平相对滞后，乡村振兴在基础条件、转型障碍、体制机制等方面还存在诸多短板和问题。一是海南城镇化水平偏低，城市带动农村发展的能力较弱。海南全岛建设自由贸易港意味着海南广大的农村将纳入整个建设过程。目前，海南约80%的土地以及60%以上的户籍人口在农村，海南缺乏大城市对农村的带动作用，城市反哺农村的能力还不强，城市与乡村之间还未形成有效的联动机制。二是农业占比较高，但产业发展水平较弱。在海南的三次产业结构中，农业占比约20%。但数据显示，2021年海南农村居民人均可支配收入为18076元，低于全国的18931元。此外，海南村集体经济薄弱，农村教育、医疗、文化等社会事业滞后。三是农村贫困人口绝对数尽管不多，但都是脱贫攻坚中的“硬骨头”。四是农业规模化、市场化、产业化水平偏低。长期以来，海南的农村产业结构比较单一，产业链短而弱，科技含量不足，规模化经营程度低，农产品价格不稳定；难以形成对市场前景的稳定预期，这制约着农民对农业的投入和经营农业产业的积极性。

二、推进海南乡村振兴的基本思路

海南的乡村振兴战略，离不开自由贸易港建设这一大的宏观背景。实施乡村振兴战略，既需要借力新一轮全岛改革开放，又要从农业生产、农村发展、农民生活等方面支持自由贸易港建设，与自由贸易港建设形成步调统一、相辅相成的政策合力。根据海南省委省政府的统一谋划，海南已初步形成了良好的产业规划布局，根据海南乡村发展的问题，推进海南乡村振兴战略最根本的是要实现农民致富，而农民致富的重点是他们能够有力地参与到市场竞争中来，成为市场经济链条的重要组成部分，即实现农村、农业、农民与城市、市场等要素的有效联动。

一方面，要实现经济发展、深化改革与农业现代化、农民增收的有效联动。乡村振兴最根本的目的是要实现农业现代化和农民致富。海南农业生产效率尚处在全国中游水平，农业生产中的自然因素，比如气候、降水等仍在发挥主导作用，农业现代化生产特别是科技创新亟待发挥更大作用。根据统计数据，2021年海南省城镇居民人均可支配收入为40213元，同比增长8.4%；农村居民人均可支配收入为18076元，同比增长11%。同期全国城镇居民人均可支配收入47412元，比上年增长8.2%，扣除价格因素，实际增长7.1%。农村居民人均可支配收入18931元，比上年增长10.5%，扣除价格因素，实际增长9.7%。数据表明：尽管2021年海南城乡居民收入差异比全国要小，但对比而言，2021年海南农村人均可支配收入还未达全国平均水平，存在一定的差距。这意味着提高农民收入，实现农民致富依然是当前海南解决“三农”问题的迫切需求。

另一方面，要实现对外开放与农业市场化、农村发展的有效联动。在社会主义市场经济条件下，促进农村发展的根本途径是让农民成为市场经济的有力参与主体，让产品走向消费市场，实现乡村与城市、产品与市场的联动。在全岛建设自由贸易港和全面深化改革开放的背景下，农民致富意味着农村能够融入市场经济的价值链和产业链中，意味着农业能够形成一种具有竞争力的市场经济业态，意味着农民能够平等、熟练地参与到市场竞争中，从而形成市场经济的关键环节。进而言之，要使农村、农业、农民成为市场经济中的重要元素，必须把农村的特色、产品打造包装到消费市场。城市作为庞大的消费市场所在地，乡村必须与其实现联动发展，最终形成“生产—加工—消费”的价值产业链。简言之，推动海南乡村振兴最紧迫的需求是实现农民致富，主要方法是把农业、农村、农民纳入市场经济的价值链条中。

在海南推进乡村振兴战略，要形成与社会主义现代化建设大局和自由贸易港建设任务相一致的前进步调，在新一轮改革开放中充分发挥海南独特优势，走出一条具有海南特点的新时代乡村振兴之路。海南省颁布《中共海南省委 海南省人民政府关于乡村振兴战略的实施意见》，对海南未来一段时间乡村振兴的目标任务提出了明确要求。按照海南总体发展战略，乡村振兴以“三步走”的模式推进，有利于确保实现“两个一百年”奋斗目标、确保与自由贸易港建设同频共振。

第一步，截至2020年，海南乡村振兴取得重要进展，即基本形成初步的制度框架和政策体系。一是通过农村一二三产业融合发展，推动农业综合生产能力和农业供给质量稳步提高。鼓励和扶持广大农民群众结合自身优势、立足本地资源，通过林下经济、庭院经济等特色农业，差异化发展乡村旅游。多渠道增加农民收入，不断缩小城乡居民生活水平的差距。二是发挥热带农业特色优势，打赢脱贫攻坚战。在现行标准下，全省剩余4.5万贫困人口，五指山、临高和白沙3个国家级贫困县顺利实现脱贫。围绕海南特有的冬季瓜菜和椰子、橡胶、槟榔“三棵树”独有优势助力农民脱贫致富。三是使农村人居环境得到明显改善。农村“五网”基础设施进一步优化升级，基本完成美丽海南百镇千村建设，确保文明生态村创建实现全覆盖。四是初步建成城乡融合发展体制机制。显著提高城乡基本公共服务均等化水平，有力促进农村对人才的持续吸引力。五是在全国生态循环农业示范省建设方面迈上新台阶。推动农业生态服务能力稳步增强，促进海南全省农村生态环境进一步好转。六是建立健全党的农村工作领导体制机制。不断增强以党组织为核心的农村基层组织建设，充分完善“一核两委一会”乡村治理机制并发挥其优势。

第二步，到2035年，基本实现海南农业农村现代化，乡村振兴取得根本性和决定性进展。一是基本实现共同富裕。推动海南农业结构的根本性改善，促进农民就业质量的决定性提升。二是基本形成健全完善的城乡融合发展体制机制。实现城乡基本公共服务的均等化，乡村风貌、乡村文明、乡村文化全面达到新高度。三是基本形成完善的现代化乡村治理制度体系。全面实现宜居、宜业、宜游的美丽乡村建设目标,使海南在农村生态文明建设方面走在全国前列。

第三步,到2050年,全面实现海南农业农村现代化,乡村的经济、政治、文化、社会和生态得以全面振兴。形成城乡融合、产乡融合的“双融合”大好局面,实现中共十九大报告提出的产业兴旺、生态宜居、乡风文明、治理有效、生活富裕的总要求。

三、海南乡村振兴的实施路径

战略目标的实现有赖于灵活有力的执行。根据海南省委省政府的统一谋划,针对海南乡村面临的实际问题,实现农民致富,打造城乡各要素联动发展的格局,可以考虑从以下路径着手,推动海南实现乡村振兴。

一是以统筹规划为先导,实现和谐有序的城乡产业发展格局。自由贸易港以建设发展旅游业、现代服务业、高新技术产业为主导,科学安排海南岛全岛布局,实行“多规合一”改革,为海南城乡统筹发展奠定基础。海南的乡村振兴要通过建设国家热带现代农业基地、国家热带农业科学中心和“五基地一区”,带动海南农村产业振兴。抓住自由贸易港建设和海南乡村振兴战略规划之机,明确以地区和县域城市为核心的产业定位、发展定位,以税收优惠、土地利用等吸引企业投资,在特定的产业区形成特色鲜明的产业聚集地。打造一村一品、多村一品,形成错位优势和差异化发展路径，实现海南各具优势的和谐城乡错位发展格局。

二是以行政区划调整为载体，构建区域中心城市与乡村联动发展格局。产业振兴才能乡村振兴，而发达国家和地区的经验表明，中心城市的带动作用至关重要。海南可借鉴日本的城镇化经验，构建区域中心城市与乡村联动发展的格局。比如，日本将“环首都经济圈”“关西经济圈”以及新潟市、冲绳县、福冈市以及养父市等设为国家经济特区，目的是以大都市经济圈为载体，辐射带动周边广大乡村地区发展，形成农村产业发展的带动效应和集群效应。在农地分散、地处山区，难以开展大规模机械化生产的养父市探索发展个性化农业生产，通过多种类型的农业继承人，使农地价值得到应有体现。而新潟市地处河流形成的冲积平原上，具有大规模机械化作业的先天优势，因此被赋予探索机械化农业发展之路的使命。冲绳县远离日本本土，具有丰富的旅游资源，被定位为吸引外国游客的国际旅游试点，并对签证发放施行放宽措施。福冈市因其经济活力而成为创业就业的改革试点。

此外，台湾的城镇化经验亦可借鉴。目前，台湾地区形成了以台北为中心的5个百万人口以上的大型城市；中小城市成为台湾地区城市体系的主体，人口在10万—50万之间的中型城市有19个，5万—10万人口的小型城市有27个。台湾地区已形成以台北为核心的全台政治经济文化中心，以高雄、台中、台南、基隆、嘉义为核心的区域中心，以其他中小城市为核心的地方中心，普通市镇、农村居民点组成的多层级立体城市体系。这种城市体系有效地均衡了台湾地区的人口分布，有效避免了城市化过程中通常出现的“大城市病”。

海南自由贸易港乡村振兴战略可借鉴日本和中国台湾地区的城镇化和乡村发展路径。首先,效仿日本规划适量的“战略特区”,分别探索自由贸易港建设的差异化、多元化发展路径。一是增强省会城市的辐射带动功能,打造以海口为中心的北部经济圈。海口应以互联网产业、热带高效农业等十二个重点扶持产业为依托,培育形成海南经济社会发展的龙头城市。二是以南部旅游经济圈为路径,将三亚打造为知名的国际旅游消费中心,三亚应围绕文化游、购物游、休闲游、体育游、邮轮游艇游做文章,走高端化国际旅游路线,实现旅游业态的转型升级。三是以南海油气勘探与开发服务保障基地建设为契机,打造西部工业走廊。拉长石化产业链、发展港航产业和临港经济,增强工业反哺农业的能力,形成城市带动农村发展的工业基础。四是依托生态、气候、环境优势,海南中部山区可探索建立以山地农业、乡村旅游观光为基础的产业体系,建设形成一批生态环境好、旅游体验新而奇的乡村旅游驿站。海南城乡联动发展应形成全省市场与资源、乡村与城市的良性互动机制,使众多的“经济圈”和“区域板块”形成一个功能各异、产业多元、经济互补的有机整体,产生联动叠加效应。

三是以科技、信息手段为支撑,搭建产业与市场、产品与消费群体的联动平台。科技兴农、创新发展是支撑海南乡村振兴的有力保障。科技兴农不仅要提高对农产品生产的技术投入,更重要的是把极具竞争力和地理特点的产品打入市场,搭建起产业与市场、产品与消费群体的信息共享平台。例如，海南可借鉴利用大数据技术，打造覆盖全省乡村旅游的信息共享App，消费者可以通过这个App了解特定地区乡村旅游的特色、定价以及服务等，从而避免信息不对称导致的旅游产品不为消费群体所知、消费群体不知所往的问题。此外，海南还应积极与广大电商平台合作，搭建海南特色农产品直通消费者的线上渠道，例如：海南可在天猫商城、京东超市等平台开设海南特色农产品官方旗舰店，形成海南特色农产品的集聚市场，消费者可在这些平台上买到海南所有的特色产品。产品最终能否与市场产生较大规模的效应，还取决于海南特色农产品的品牌效应，或者说是海南特色农产品的知名度。海南可与成熟的品牌运营公司合作，策划、推广、宣传海南特色农产品，形成一批具有较高知名度的产品品牌，把海南特色农产品打入更大的市场。

四是以提升物流交通水平为抓手，打造城乡联动发展的硬环境。海南农村最大的优势是生态环境优势和特色旅游资源优势，在自由贸易港建设背景之下，海南的物流、人流必将增加，因此要把“养在深闺”中的海南生态优势、旅游优势呈现在国内外消费群体面前，这需要解决好交通问题。当前，海南正在大力推进农村“五网”工程改造，这为海南农村基础设施的完善奠定了基础。下一步，海南应继续完善“五网”基础设施建设，重点解决城乡交通的公交化、共享汽车的便利化问题。海南可通过PPP模式，引入更多的资本到乡村公交和共享汽车的运营中，允许这些企业开发海南广大乡村的旅游资源、特色农产品资源，政府起规划和监督的作用，把市场力量引入打造城乡公共服务均等化中，既带动农民就业致富，又提高海南乡村旅游的知名度，亦可增加政府的税收。最终形成以县域为节点、以资源要素优化配置为关键、以培育县域中心城市为突破口、以区域一体化为战略支撑的城乡一体化路径。

五是以促进城乡交流为基础，打造城乡联动发展的软环境。城乡联动发展的软环境是乡村振兴的关键。要打造要素流动的城乡联动发展格局，需要打破户籍制度对城乡交流的阻碍。海南应着力于农民落户意愿不强、取消户籍性质区分后产生新的不平等，以及“增量”改革动力不足等问题，以户籍制度改革为突破口，破除城乡交流的制度障碍。当前，海南应抓住政策试点的先行优势，抓紧户籍制度的改革，这样可以释放海南大量的农村劳动力，使他们进城后不再因医疗、教育等问题而不能安居、就业。这既可以保证农民拥有平等分配国家资源的机会，促进农民进城就业，保障农民增收致富，又可对流转出来的农村土地实行规模化经营，进而提高农业的投入与产出比例。对于不愿进城就业的农民，应该提高他们的素质，通过夜校培训、打造农业电视节目提升他们创业的积极性和主动性。此外，城乡交流的软环境建设，还应注重城乡之间的人文交流，海南可借鉴日本实施城乡交流战略的成功经验，构筑海南城乡和谐、城乡一体发展的人文纽带。

六是重视乡贤治理，构建“邻里守望相助”的和谐乡村文化。

在城市化进程加快的背景之下，人才、资金外流造成的乡村“空心化”成为当前制约海南农村发展的瓶颈问题。乡村治理无序、乡村治理重心难以下沉，成为当前海南乡村治理的突出问题。海南可借鉴浙江美丽乡村的发展经验，以培育和发展乡贤参事会为切入点，形成乡村治理的神经末梢，促进邻里纠纷的解决，同时为乡村发展建言献策。浙江“乡贤参事会”制度目前已取得了良好的治理效果，以诸暨为例，乡贤参事会不仅募集资金解决困难户的生活难题，还收集村情民意，提供决策咨询，化解村民纠纷，形成了有效的乡村治理经验。此外，还可借鉴浙江美丽乡村的“网格化”管理模式，针对农村“熟人社会”的特性，消除社会管理真空，推动“邻里守望”常态化、制度化。海南可借鉴浙江经验，在乡村层面培育专（兼）职网格员，并推动网格员进村入户，形成熟人社会的常态化和制度化治理机制，最终形成邻里守望相助的和谐乡村治理环境。

海南具有区位、气候等方面的独特优势，借助自由贸易港建设的重大机遇，必将建成具有海南特点的乡村振兴体系。在这一历史进程中，必须充分激发改革和开放两大驱动力，在宏观上以改革破除体制机制障碍，以开放纳入新的发展活力；在微观上，努力把农民纳入市场经济环境中，形成农村与城市、农产品与消费市场的联动对接，让农业生产涉及的各要素成为市场经济产业链的关键环节。同时，主动借鉴国内外乡村治理的先进经验，最终形成产业强大、治理有序、基本公共服务完善、城乡差别缩小的和谐有序的城乡发展格局，真正实现产业兴旺、生态宜居、乡风文明、治理有效、生活富裕的乡村振兴目标。

参考文献

[1]习近平：在庆祝海南建省办经济特区30周年大会上的讲话[EB/OL] .(2018-04-13). http://www. gov. cn/xinwen/2018-04/13/content_5282321.htm.

[2]海南省打赢脱贫攻坚战三年行动计划[EB/OL].(2019-05-17).http://fpb.hainan.gov.cn/fpb/0800/201905/6ccef9ec89244752a80c39a47eefec37.shtml.

[3]中国(海南)自由贸易试验区总体方案[EB/OL].(2018-10-16).http://www.gov.cn/zhengce/content/2018-10/16/content_5331180.htm.

[4]海南省加快推进百镇千村建设 http://hi.people.com.cn/n2/2020/0326/c231190-33904379.html.

[5]2021年海南省国民经济和社会发展统计公报[R/OL].https://www.Hainan.gov.cn/hainan/5309/202202/a0d8872ac78a4f8ca31e7932118cd897.shtml

[6]中华人民共和国2021年国民经济和社会发展统计公报[R/OL].http://www.gov.cn/shuju/ 2022-02/28/content_5676015.htm.

[7]吴士存.日本城乡协调发展对海南自贸区建设的启示[J].今日海南，2018(11):38-40.

[8]林志伟.台湾地区城市化发展经验及对大陆的启示[J].福建金融，2014(08):22-26.

[9]诸暨乡贤聚力为乡村振兴添活力，已建立镇级乡贤参事会27个[EB/OL].(2018-02-04).https://zj.zjol.com.cn/news/865438.html.

第二章　防范化解海南自由贸易港建设中的贸易风险研究

[摘要]贸易自由化便利化是海南自由贸易港建设的重要目标之一,是成功建设自由贸易港的重要基础和前提。海南自由贸易港实现贸易自由化便利化的前提是做好风险防控,要聚焦在防范货物贸易走私风险和服务贸易风险上,通过分析评估相关风险点,总结迪拜、新加坡、中国香港等国内外成熟自由贸易港的贸易风险防控经验,提出有针对性的贸易风险防范措施。

[关键词]自由贸易港;风险防控;贸易;海南

2020年6月1日,中共中央、国务院印发《海南自由贸易港建设总体方案》(以下简称《总体方案》),规定要在海南自由贸易港(以下简称海南自贸港)内"推进服务贸易自由便利"。这是国家重大战略给海南自贸港设定的主要发展方向之一,同时《总体方案》特别指出要建设高质量高标准的自由贸易港,还要加强风险防控体系和机制的建设,并指出了风险防控的重大意义和实施路径。对海南自贸港建设中所涉及的贸易风险进行科学评估,并在此基础上构建相关风险防范措施，是实现贸易自由化便利化建设的必由之路，是自贸港成功建设的必然选择，是海南省实现全面深化改革开放目标的必要条件。海南自贸港建设中对贸易、投资等重大风险要有针对性地制定和实施相关防范措施，牢牢守住不发生系统性风险的底线，构建和实施安全高效的风险监管制度和举措。海南自贸港发展中面临的各种潜在风险，会给港内相关部门的管理带来不可避免的挑战。但关于如何有针对性地对岛内所面临的风险采取自上而下的防控措施，却缺乏相关的论述。要实现海南自贸港建设的贸易自由化便利化，首先需要重视贸易风险防控，对贸易相关风险点的性质特征进行分析和总结，并对其存在的潜在风险进行分析评估，同时分析和借鉴国内外相关的成熟的自由贸易港在建设过程中的贸易风险防控先进经验，在此基础上制定和践行海南自贸港贸易风险防控措施，使海南自贸港既能“放得开”又能“管得住”。本文即以此为切入点进行分析探讨，以期对海南自贸港风险防控体系建设提出可供参考的意见和建议。

一、防范化解海南自贸港贸易风险的依据和意义

建设海南自贸港是由习近平总书记亲自谋划、亲自部署、亲自推动的改革开放重大举措，彰显了党中央进一步深化改革开放的坚定决心，代表了中国对外开放的最高水平和最新模式。建设海南自贸港是我国为了应对全球化逆潮制定的重大国家战略，是我国面临国内外经贸格局演变而推出的大面积成块新型特殊经济功能区建设的最新尝试。对海南自贸港建设过程中的贸易相

关风险进行评估预测和有效防范，是成功建设海南自贸港的重要前提，符合《总体方案》中建立健全风险防控体系的要求，对加快海南自贸港建设和海南省全面深化改革开放具有重要意义。

（一）推动贸易自由化便利化是建立高水平自由贸易港的重要目标之一

《总体方案》指出要建设高水平的自由贸易港，要在2025年前初步建立以贸易自由便利为重点的自由贸易港政策制度体系，2035年前全面实现贸易自由化便利化，并在制度设计中对贸易自由化的相关制度设计进行阐述（详见表1），在实现有效监管的前提下，建设全岛封关运作的海关监管特殊区域。《总体方案》对货物贸易和服务贸易相关制度设计进行明确的阐释，以助力海南自贸港实现贸易自由化便利化的目标。

需要注意的是，近年来我国经济发展面临着服务业开放滞后等难题，"十四五"时期服务业开放不足更是对我国开放型新体制建设及经济高质量发展造成显著的掣肘效应。通过建设海南自贸港，构建对外开放的新高地，是实现中国经济深度国际化的必由之路，是我国从低质量发展到高质量发展的新路径，是由路径依赖式发展逐渐转换为路径创新的全新尝试。随着全球化的快速发展，不同国家之间的经济全球化红利分配逐渐失衡，以及世界经济长周期进入衰退期的共同作用使逆全球化思潮开始兴起。逆全球化浪潮对世界市场公平竞争的破坏，以及产生的贸易摩擦问题，将对我国经济贸易发展产生不利影响。建立海南自贸港是我国应对逆全球化浪潮和贸易保护主义、单边主义，总结以往发展经验并进行全面深化改革开放的重大战略部署，这对于海南来说是前所未有的发展机遇，但同时也面临前所未有的各种风险和挑战。防范化解海南自贸港建设中的贸易风险，对贸易发展的风险进行充分评估，从而有效避免逆全球化浪潮中贸易摩擦等对海南自贸港建设的影响，势必有利于为我国未来引领国际经贸规则赢得主动，并提供“海南方案”。

表1　海南自由贸易港贸易自由化相关政策措施

海南自由贸易港贸易自由化相关政策措施	
“一线”放开	1. 在海南自由贸易港与中华人民共和国关境外其他国家和地区之间设立“一线”。 2. 加强安全管理。 3. 放宽部分货物、物品的进出口限制。 4. 部分货物免征进口关税。 5. 装运货物和离境货物实行特殊管理。 6. 实行便捷高效的海关监管，建设高标准国际贸易“单一窗口”。
“二线”管住	1. 在海南自由贸易港与中华人民共和国关境内的其他地区（以下简称内地）之间设立“二线”。 2. 保证税收的征收。 3. 完善中转货物管理。 4. 加强信息技术手段。
岛内自由	1. 海关对海南自由贸易港港内企业及机构实施低干预、高效能的精准监管。 2. 由境外启运，经海南自由贸易港换装、分拣集拼，再运往其他国家或地区的中转货物，简化办理海关手续。 3. 货物在海南自由贸易港内不设存储期限，可自由选择存放地点。 4. 实施“零关税”的货物，海关免于实施常规监管。
推进服务贸易自由便利	1. 实施跨境服务贸易负面清单制度。 2. 实施与跨境服务贸易配套的资金支付与转移制度。 3. 进一步规范影响服务贸易自由便利的国内规制。

（二）符合党中央的部署和《总体方案》的要求

2018年4月13日，习近平总书记在庆祝海南建省办经济特区30周年大会上的讲话（以下简称习近平总书记“4·13”重要讲话）强调，海南自贸港建设“要在内外贸、投融资、财政税务、金融创新、入出境等方面，探索更加灵活的政策体系、监管模式、管理体制，加强风险防控体系建设，打造开放层次更高、营商环境更优、辐射作用更强的开放新高地”。《中共中央 国务院关于支持海南全面深化改革开放的指导意见》提出要推动海南形成全面开放新格局，其中的一项任务就是加强风险防控体系建设，从而为自由贸易试验区和中国特色自由贸易港建设提供保障，并从政策制定、金融风险防控、打击走私活动、企业投资经营四个方面提出了建设海南自贸港风险防范体系的具体措施。要落实习近平总书记关于“加强风险防控体系建设”的要求，防范化解自由贸易港建设中的贸易风险，构建贸易风险防控措施是十分必要的。

《总体方案》第一部分“总体要求”也提出，要坚持底线思维。坚持稳扎稳打、步步为营，统筹安排好开放节奏和进度，成熟一项推出一项，不急于求成、急功近利。加强重大风险识别和系统性风险防范，建立健全风险防控配套措施。开展常态化评估工作，及时纠偏纠错，确保自贸港建设方向正确、健康发展。《总体方案》第二部分“制度设计”又单独提出风险防控，并提出要构建风险防控体系，需要制定实施有效措施，有针对性防范化解贸易、投资、金融、数据流动、生态和公共卫生等领域重大风险。防范化解海南自贸港建设中的贸易风险，符合《总体方案》的要求。

实现贸易自由化便利化是海南自贸港建设的基本要求和首要目标,《总体方案》中多处强调贸易自由化便利化是海南自贸港建设的重要组成部分和目标,指出要对标国际高水平经贸规则,解放思想、大胆创新,聚焦贸易投资自由化便利化,并指出要以贸易投资自由化便利化为重点。要实现高标准的贸易自由化便利化,需要学习国际上先进自贸港的做法和经验,同时也要在守住不发生系统性风险底线的前提下构建自贸港政策制度体系。防范化解自贸港建设中的贸易风险有利于推动海南自贸港建设的行稳致远,既强调了发展,又规避了风险,体现了党中央系统性的设计思维和全面整体推进海南自贸港建设的发展思路。

二、海南自贸港建设中面临的相关贸易风险点分析

从国际角度来看,2000年以来,国际贸易取得了巨大发展,WTO数据显示全球总贸易量从2000年的6.7万亿美元增长到2018年的19.7万亿美元,贸易全球化程度得到了普遍的提高。但近年来,由于主要经济体之间发生诸多经贸摩擦,国际贸易壁垒增多,全球贸易增长出现停滞的现象。CPB全球货物贸易监测指数显示(见图1),在经历前几年的停滞之后,2021年全球贸易呈现出先扬后抑的态势,在上半年实现强劲复苏后,下半年增速明显放慢。在2020年低基数效应、需求强劲复苏、疫情限制措施减弱、各国推出经济刺激方案以及大宗商品价格上涨等因素的影响下,

2021年全球贸易实现强劲复苏，2022年全球贸易发展机遇和挑战并存。受世界贸易环境变化的影响，海南自贸港在贸易自由化建设中需要面对许多由国际贸易环境变化带来的未知风险和挑战。

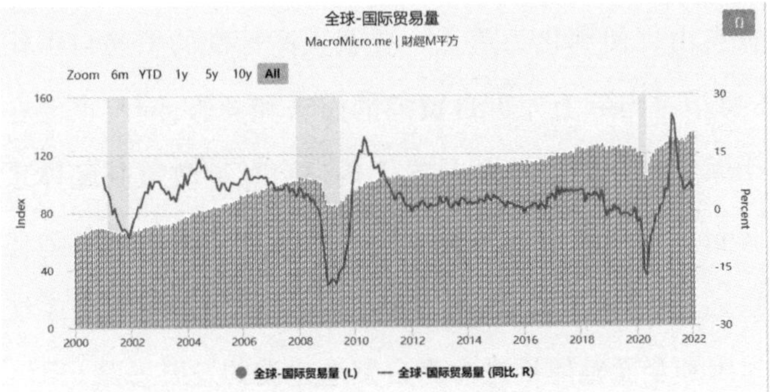

图1　全球–国际贸易量变化情况

数据来源：CPB World Trade Monitor，毕马威分析

从国内角度来说，近年来我国的贸易发展呈整体向好趋势（见图2），2020年面对新冠肺炎疫情的冲击，各级政府出台了一系列超常规稳外贸政策措施，促进了中国贸易的稳定与恢复，使贸易进出口总额再创新高，达32.16万亿元，增长1.9%，全球货物贸易第一大国地位持续巩固。尤其是自RECP签订以来，我国的进出口总额和外贸总值得到了明显的提高。海关统计数据显示，2021年我国对RCEP其他14个成员国进出口总额12.07万亿元，增长18.1%，占我国外贸总值的30.9%。其中，出口额5.64万亿元，增长16.8%；进口额6.43万亿元，增长19.2%。海南自贸港应抓住机遇，但是也要注意RCEP生效后，“零关税”优势面临相对

"摊薄"影响。在货物贸易方面，RCEP生效后的10年内，RCEP成员国区域内90%以上商品将实现"零关税"。在服务贸易方面，中国在RCEP中承诺6年内服务贸易清单"由正转负"，6年后RCEP带来的是全国性的服务贸易开放，将会对海南服务贸易带来倒逼和挑战。

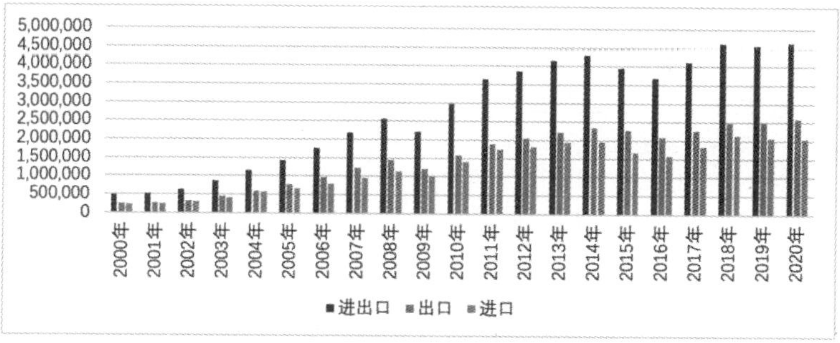

图2　2000—2020年中国对外贸易情况（单位：百万美元）

数据来源：一带一路·观察 2020年中国对外贸易分析

从海南自贸港建设的角度来讲，贸易风险指在自由贸易港建设过程中为了实现贸易自由化便利化而采取的"零关税"、低税率、简税制等相关政策所引起的货物贸易风险和服务贸易风险等（见表2）。具体而言，在封关运作以前，"零关税"、低税率等政策在部分领域、部分区域先行实施，这个阶段，走私、逃税风险是重点，如果"二线"管不住，海南就有可能成为境外货物走私到内地的跳板。全岛封关运作后，"二线"经过充分的压力测试，已针对各类走私风险制定相应管控措施，总体上风险可控，但随着“一线”全面放开，大量的人流、物流、资金流的快进快出，由此引发的许多新的要素风险，如国家安全、意识形态、数据和资金流动等开始凸显。

表2　海南自由贸易港贸易相关风险

海南自由贸易港贸易相关风险	
零关税	走私风险
低税率	逃税风险
服务贸易自由化便利化	服务贸易相关风险

（一）货物贸易风险

《总体方案》指出，海南自贸港对货物贸易实行以“零关税”为基本特征的自由化便利化制度安排，将会降低海南自贸港的关税水平并提高经济效益，但是在全岛封关运作前，海南自贸港实行的“零关税”政策主要是“离岛免税+‘一负三正’清单、‘零关税’+国家级展会展期内销售的进口展品税收优惠”这几个方面，并实现封关运作前自贸港政策总体落地实施率达到80%以上的目标，推动部分含金量较高且在全岛封关运作前后可能存在较大落差的重点政策事项逐步足额落地。实行“零关税”的制度安排则可能会使货物走私风险产生。“零关税”带来的巨大经济效益，诱使一部分企业利用岛内“零关税”商品与内地之间的巨大的价差，向内地违法走私“零关税”货物，对内地原有的市场造成冲击，扰乱市场秩序。另外，贸易自由化便利化需要公平公正的国际营商环境，但是在逆全球化背景下，贸易保护主义等产生的世界贸易风险也会对自贸港建设产生不利的影响。

与货物贸易相关的具体风险点主要可以分为以下牟利性套(代)购风险和走私风险。

牟利性套(代)购风险。海南自由贸易港建设过程中对离岛旅客实行的免税购物政策吸引了大量游客来此旅游购物，通过对离岛免税政策的7次调整，离岛旅客每人每年有10万元的购物额度，单件商品购物额最高限额为10万元；离岛免税商品的种类也增加到了45种。个人限购额的增加，再加上受新冠肺炎疫情影响，内地人员出境困难，离岛免税品价格优势明显等原因，大部分旅客选择来海南岛旅游购物。比如，据海南省商务厅公布的数据，海南离岛免税店2022年前三个月的销售额就超过150亿元，仅在一月和二月两个月，海南10家离岛免税店总销售额就达到了128.73亿元，同比增长33%。但在免税商品销售额增加的同时，面临着离岛免税牟利性套(代)购风险，内地市场秩序被扰乱。据统计，在近两年的时间内，海关总署指导海口海关开展了11轮打击海南离岛免税"套代购"走私专项行动，共打掉66个走私团伙，总案值约2亿元。2020年7月至2021年4月，海口海关依法严厉打击8000余名参与海南离岛免税"套代购"违法行为的个人。2021年1月至2021年4月，短短几个月时间内，湛江海关会同海口海关对海南离岛免税"套代购"行动开展联合行动，三个月内开展了4轮集中收网行动，刑事立案共5起，案值2684万元。

走私风险。在全岛封关运作前，为降低企业生产经营成本，减少企业资金占用，提高资金运转效率，给予海南自贸港鼓励类产业或企业自用生产设备、交通工具及游艇和原辅料“零关税”政策；为提高岛内人民的生活质量，降低生活成本，增强人民对自由贸易港建设的获得感，对岛内居民消费的进境商品实行“零关税”政策等。由于没有全岛封关，实行“一负三正”清单、商品“零关税”政策，海关监管难度大，监管经验不足，走私风险大，因此要做好封关运作前的压力测试，为封关运作后政策全面落地做准备。全岛封关运作后，海南省将实行“五税合一”的简税制，在货物和服务零售环节征收销售税。实行销售税后，海南自贸港企业在进口、采购、研发、生产、批发等环节基本不纳税，企业的税收负担、财务成本减轻，同时也会使货物走私利润增加，产生一些不可预知的风险。因此，对相关风险点进行分析，在封关运作前做好压力测试，为封关运作后可能出现的风险做好防范措施，十分重要。主要走私风险点包括以下六个。

一是对禁限类商品所做出的违法行为会带来风险，如非设关地冻品、“洋垃圾”（即未经许可禁止进口的国外废弃物）、违禁毒品等通过商品夹藏、伪报、瞒报等形式违规走私进口。另外，不法分子也可能会利用通关便利，将国家和海南自贸港禁止、限制的货物物品走私进出境。

二是在未经许可的情况下私自把“零关税”货物的用途改变，一些不法企业可能通过合作将“零关税”的货物交给不符合使用条件的单位使用，或者把“零关税”货物转让给其他单位等，不遵守零关税政策规定的用途、地区使用零关税货物。

三是反走私监管从过去“管进为主”单向监管转变为“既管进又管出”双向监管，再逐步转变为“管出为主”，导致非设关地“零关税”商品以走私方式流入内地市场的风险加大，从而冲击内地市场。

四是国家级展会“零关税”进口展品引发的走私风险。在首届中国国际消费品博览会中，国际展区参展企业600多家，参展品牌超1000个，来自69个国别和地区，国内展区参展企业则来自全国31个省、自治区、直辖市和新疆生产建设兵团，厦门、大连2个计划单列市单独组团参展。中国国际消费品博览会的展品享有政策优惠，同时，参展的人员来自世界各地，展品种类全，采购对接形式多样，难免有不法分子借机对相关展品进行走私。此外，海南正谋划在海口建设全球消费精品中心项目，为国内外消费精品提供常年展示交易平台，满足全球消费精品企业和品牌参展交易需求，实现在海南自贸港“买全球、卖全球”，打造永不落幕的“消博会”。中国国际消费品博览会后续配套建设的全球消费品中心等项目，如果监管不当，也会被不法分子利用，引发走私行为。

五是在海南自贸港全岛封关运作之前，对岛内居民进口日用消费商品实行“零关税”正面清单管理，允许岛内居民免税购买，可能引发岛内居民参与倒买倒卖情况，或利用“零关税”政策将免税产品携带至内地进行倒卖，谋取私利等潜在风险。

六是在海南自贸港建设过程中，游艇、邮轮等新兴的贸易业态产生，也导致走私的物品种类增加，涉及的行业增加，同时走私的方式也会增多。扩大监管领域，无法使现有的政策措施抵御新的走私行为产生的冲击。

（二）服务贸易风险

2021年7月23日，国家商务部发布了《海南自由贸易港跨境服务贸易特别管理措施（负面清单）（2021年版）》（以下简称负面清单），并于2021年8月26日起施行，负面清单明确列出针对境外服务提供者的11个门类、70项特别管理措施，放宽了服务贸易领域内的准入限制，在专业服务、交通服务、金融等领域实行了水平较高的开放。相对于WTO入世承诺，这一负面清单开放的领域更宽，比如在WTO入世承诺方面，在中国承诺的100个开放的分部门中，有70多个分部门开放度超过当时的承诺。另外针对WTO未作出承诺的60个分部门中，有40多个分部门在负面清单中也作出承诺。相对于RCEP，这一负面清单的开放水平更高，在160个分部门中，负面清单中有110多个分部门里的开放水平超过了RCEP里中国所作出的承诺开放水平。比如在空运支持服务分部门里，中国在RCEP里没有作出承诺，中国在入世时也没有作出承诺，但是在负面清单里取消了境外服务提供者不得从事航空气象服务的限制。又如，在教育服务领域内，我国入世的承诺是境外个人教育服务提供者要到中国境内提供教育服务必须具有学士或者以上学位，而且还要有相应的专业职称或者证书，并且要具有两年专业工作经验，在《海南跨境服贸负面清单》里，取消了个人教育服务提供者需要有两年专业工作经验的限制。这一负面清单使海南自贸港的贸易自由化水平得到极大提升，有助于我们国家在更大范围内开展对外开放的压力测试，但是在整体开放水平提高，海南服务贸易发展的同时，也会产生一定的风险。

与服务贸易相关的具体风险点主要包括以下五个。

第一是跨境交付风险产生。一些境外机构通过互联网向我国提供内地法律法规禁止的金融服务,或者没有经过我国监管部门市场准入的跨境服务,如涉及医疗、教育、影视等方面的内容,也可能会有一些境外不法分子通过数字平台发布或提供跨境涉黄涉赌等非法服务。

第二是取消或放宽自然人流动方面的限制措施,会在短期内对本地劳动力市场造成一定的冲击。服务业贸易壁垒消除后,将会促使国际上一大批技术和知识密集型现代服务业企业涌入海南。长期看,这一举措有利于推动本地劳动力结构提质升级,但如果不能处理好外来服务业与本地传统服务业的关系,短期内将会对本地服务业市场特别是劳动力市场造成冲击,可能引起市场混乱。

第三是服务贸易的监管风险。开放服务贸易,打破贸易壁垒,给予境外服务提供者相关国民待遇,将对现有服务贸易规则与监管提出挑战,一旦出现监管缺位、越位或失位等现象,必将引发相应的服务贸易质量不高、经营主体资质不健全等风险。

第四是在发展跨境数字服务贸易过程中可能会引发危害国家安全,侵犯消费者隐私和知识产权等风险。在发展数字跨境服务贸易的过程中,不法分子可能会借助网络来实施网络犯罪、网络恐怖主义,以及借用数字货币来洗钱或者进行大规模网络攻击等跨境违法犯罪行为,对国家安全构成威胁。数字贸易在威胁消费者的隐私安全的同时,会对用户的知识产权或商业信息造成侵犯。同时在海南自贸港建设过程中，一些为了保护数据安全制定的规制措施，如果实施不当可能会产生一系列连锁反应，进而放大危害，使事情演变成不确定甚至失控的事态。

第五是RECP服务贸易的全面开放会弱化海南自贸港服务贸易开放的优势。中国在RCEP中承诺在签订RCEP6年后，服务贸易清单将由正转负，把全国范围内的服务贸易开放推到较高水平，使得很多省份中原来范围很小的自贸试验区开放扩大到全省开放，届时海南自贸港负面清单的优势就会被弱化。

三、国际知名自贸港贸易风险防范的经验

《总体方案》中“基本原则”第一项提出要借鉴国际经验。坚持高起点谋划、高标准建设，主动适应国际经贸规则重构新趋势，充分学习借鉴国际自由贸易港的先进经营方式、管理方法和制度安排，形成具有国际竞争力的开放政策和制度。高水平高质量建设海南自贸港，完善海南自贸港建设中的风险防范措施，在借鉴国内相关风险防范经验的同时，也要研究其他国家在自贸港建设过程中由监管不力等问题导致的走私问题等一系列风险。比如，巴拿马科隆在建设过程中，因为监管漏洞、政策空白，曾出现军商勾结、黑市交易、大量走私等行为，该国商业经济活动一度陷入失控的局面。还比如，美国白宫经济委员会的调查报告更是把网络安全当作威胁国家经济安全的一大因素，2016年网络恶意攻击对美国经济造成高达1.6亿美元的损失。还有2018年3月发生的Facebook（脸书）“数据门”丑闻，以及数字贸易中的假冒和盗版产

品等的产生等。海南自贸港建设应以此为鉴。本部分主要对中国香港、新加坡、阿联酋(迪拜)、荷兰鹿特丹等国际知名自贸港的建设经验进行研究,并与海南自贸港建设的实际情况进行比较分析,据此提出健全和完善具有中国特色的自贸港贸易风险防控措施建议。

(一) 完善的法律体系

从近3年的世界法治指数排行榜来看,上述4个自贸港所在国家或地区均排在世界前列(见表3),说明国际知名自贸港所在国家或地区的法治环境都十分公正、透明,并拥有健全的法律体系。在这种法治环境下市场主体无须付出寻租成本,相关市场主体投机意识有所减弱,有利于降低国际贸易风险产生的概率,良好的法治环境为自贸港的稳定健康发展提供了坚实的保障。

表3　知名自贸港所在国家或地区法治指数及排名

时间	中国香港 Hong Kong SAR, China		新加坡 Singapore		阿联酋(迪拜) United Arab Emirates		荷兰(鹿特丹) Netherlands	
	分数	排名	分数	排名	分数	排名	分数	排名
2021	0.75	19	0.78	17	0.64	37	0.83	6
2020	0.76	16	0.79	12	0.65	30	0.84	5
2019	0.77	16	0.8	13	0.64	32	0.84	5

数据来源:The World Justice Project.Rule of Law Index.

注:2019年排名涉及全球126个国家和地区;2020年排名涉及全球128个国家和地区;2021年排名涉及全球139个国家和地区。满分为1分。

在制定本国法律的同时，4个知名自贸港所在国家或地区根据本国特定的条件，充分利用自主立法权，构建适应各自经济发展的法律体系，为自贸港持续健康发展提供了法律支撑。例如中国香港在以判例法为归依的同时，又制定了基本法以及包括公司条例、税务条例、银行条例等在内的《香港法例》等构成香港成文法体系。香港政府尤其注重经济立法，香港政府制定的法律条例中，经济法规所占比重较大，而且这些法律条例会随着经济的发展不断完善，使得香港的任何经济活动都能找到法律依据，提高贸易自由化程度。针对禁运物品、未列舱单货物及走私，《进出口条例》作出明确的处罚规定，比如针对为走私用途而更改船只、飞机或车辆的行为，条例规定如下。

任何人为走私任何物品进入或离开香港而将任何船只、飞机或车辆的装置、构造物或结构更改，或将经更改的装置、构造物或结构予以利用，即属犯罪，可处如下罚则：经循简易程序定罪，可处罚款$500,000及监禁2年；经循公诉程序定罪，可处罚款$2,000,000及监禁7年。如关长、任何获授权人员或海关人员有合理理由怀疑任何船只、飞机或车辆曾被用作或拟被用作走私用途，该船只、飞机或车辆在香港被发现有任何假隔板、前部、侧部或底部，任何为隐藏任何物品而经改装的隐蔽或伪装地方，任何为走私用途而改装的孔洞、管道或其他装置，则在没有相反证据的情况下,须推定该船只、飞机或车辆的装置、构造物或结构是为走私物品进入或离开香港而曾被更改。

新加坡结合本国国情则将英国法制与本国自主立法相结合,针对贸易发展问题,颁布了《商品对外贸易法》《进出口管理方法》《进出口管理法》《商务争端法》《海关法》等法律,对货物进出口和转运进行详细的规定,如在进口货物前,需要通过贸易交换网向新加坡关税局提交准证申请,新加坡关税局再审核是否符合规定,签发新加坡进口证书和交货确认书给进口商,以保证货物真正被进口到新加坡,而不是被走私到其他地方;对于进出口商品的检验检疫也制定了十分严格的标准和程序,并设立了专门的机构和部门对相应的商品进行检验。如由卫生科学局的相关部门来对进口药品和化妆品进行检验,由农粮兽医局设立相关部门对进口食品、动植物进行检验等,而要进口的农产品和食品货物,进口商需要向AVA申请执照,获得许可才能进行。另外,新加坡的海关管理还制定了专门的海关法自由贸易区法案等,如自由贸易区法案中针对零售贸易规定如下:在自由贸易区内不得进行零售贸易,除非获得主管部门的书面授权并且满足主管部门施加的条件;使用或者消费应当缴纳关税的货物的,应当获得书面许可;除第5节、第6节、第8节和第10节另有规定以外,未经关长助理及以上级别的海关高级官员书面许可，不得在自由贸易区使用或者消费尚未缴纳关税的货物；除第(3)小节另有规定外，任何人违反第(1)小节的，均应受到刑事处罚(首次定罪的，处以未纳关税总额或者未纳税款总额十倍以上的罚金或者五千新元罚金，以数额较小者为准，或者处以未纳关税总额或者未纳税款总额二十倍以下的罚金或者五千新元罚金，以数额较大者为准；再次定罪的，或者后来又定罪的，依照前款处以罚金，并处二年以下监禁)。

新加坡《海关法》也把进口商品分为应税货物和非应税货物两大类，并对此做出了详细的规定，有效地防范自由贸易过程中的走私等行为，为新加坡自贸港的健康发展和风险防范提供了详尽的法律指引和制度规范。

迪拜自贸港的法律法规依托伊斯兰法律体系，同时与西方的法律体系接轨，构建了完善的法律体系。除了在联邦层面，迪拜海关专门出台了适用于自由区和自由港的贸易制度。针对服务贸易过程中可能引起的知识产权纠纷、信息泄露等问题，也有相关的法律规定，如《通信国际金融中心知识产权法》(2019年第4号)等，如为了实现2021年的迪拜战略计划，穆罕默德·本·拉希德中小企业发展机构同Alama知识产权公司签署了一份谅解备忘录，在知识产权领域为有创新能力的企业家提供支持。海关部门对于知识产权侵权的商品和行为有扣押商品和处以罚款的权利，以及没收和销毁非法货物的权利。针对数据保护和隐私数据，许多法律都解决了这方面的问题，比如自由区迪拜医疗城已采用《电子商务和交易联邦法》有关数据保护的特殊规定，以解决医疗数据的收集、使用、披露和转移问题。对于频频发生的假货走私问题，沙特、巴林、卡塔尔、科威特、阿曼和阿联酋六个海合会国家统一制定了新法，一并规定进口假货的罚款金额。依照新颁布的商标法，海合会成员国(GCC)进口假冒商品的最高罚金额度将提高到100万迪拉姆(约人民币181.8万)。该新法中，有一条专门详细规定了海关的详细职责和截阻假货的职权。

荷兰鹿特丹港是欧洲大陆法系国家中港口法律体系较为完备的典范，荷兰同时制定了《荷兰王国宪法》对王权加以限制。鹿特丹港已制定了一套多层次的法律法规体系，确保港口运营和航运管理高效、安全、环保。第一层次是国际条约和国家基本法律，国际海事组织的国际性规定适用于鹿特丹港，如《国际海上人命安全公约》等；其适用的国家基本法律也包括欧盟的相关规定。此外，一些国家间的协定如危险物品运输协议，以及有关内河航道的管理规定如内河水道警戒规定也在鹿特丹港强制适用。第二层次是地方性法规，鹿特丹市政府出台有港口管理细则，内容详尽，涵盖港口运营和航运管理的各个方面，并每年更新。第三个层次是港口管理当局经授权发布的航运通告，这是航运管制的规范性文件,会针对航道障碍物、船舶尺寸限制、特殊事件等问题作出临时性规定。另外高效率和高权威的司法机关保证了海事海商案件的处理效果,营造了良好的法治环境,也吸引了更多的商船停靠港口。

(二) 健全的管理体制

通过政企结合来提高管理效率,政府部门在管理的过程中,吸引社会主体加入管理,加强监管效率。例如香港的海运港口局和机场管理局只负责制定相关发展策略和政策,而海港和空港的运营和管理权限由政府通过公开招标吸引民营企业负责,政府并不干预企业具体经营,由企业自负盈亏,使企业风险防范意识增强。新加坡的自由港和自由贸易区的管理和运营则同样由3家公司负责,新加坡同时还建立了贸易网(Trade Net)和国际电子贸易服务平台(GeTs),对出入境的贸易进行管理和评估检测,并设立了连接海关、检验检疫、经济发展局等多个政府部门的"一站式"网络通关系统,所有与进出口有关的监管程序都通过该系统进行,便于及时监控和预测风险。迪拜自由港的自由贸易区管理局则是具有部分政府职能的实体公司,通过市场化的方式来运作。由迪拜港务局通过"三位一体"管理模式对自由港、海关、自由贸易区进行管理运营。鹿特丹自贸港的政府部门只负责基础设施的建设和完善,港内贸易的管理、经营、开发则由港务局负责。

表4　国际知名自贸港所在国家或地区法律体系、港区配置模式、管理体制比较

	中国香港	新加坡	迪拜	荷兰(鹿特丹)	经验借鉴
法律体系	英美法系，注重判例法、衡平法，回归后根据本地实际情况建立《香港法例》	沿袭英国法系，同时又利用本国的立法法建立具有新加坡特色的法律体系	伊斯兰法系，自由港内与西方法律接轨	大陆法系，注重成文法，《荷兰王国宪法》对王权加以限制	合理利用自由贸易港立法权，不断完善相关法律
管理体制	由政府公开招标的企业负责管理和运营，政府部门负责制定政策	由3家公司负责管理和运营，并建立了贸易网(Trade Net)和国际电子贸易服务平台(GETS)，设立了“一站式”网络通关系统	自由港、海关、自由贸易区三位一体运营管理模式	鹿特丹港务局负责自由港的开发和经营管理	政府和企业相结合，扩大企业自主权

（三）先进的技术支持

要实现有效的风险防范，在构建完善的监管体系的同时还需要借助先进的技术来完善基础设施建设，实现对货物的有效的事中事后监管，以减少贸易发展过程中产生的风险。如鹿特丹智慧港口在建设过程中大力推进港口数字化进程，大力运用现代信息技术和人工智能等技术。一是利用局域网、云计算、移动终端设

备、物联网、GIS、视频监控系统等，为港区、码头、堆场及港口物流等地的数字化、网络化管理提供基础支撑来不断完善基础设施建设。二是建立港口运营管理CITOS系统，实现信息系统指令与码头机械设备控制功能的无缝衔接，使各种港口资源高效、合理地分配和调度。三是建立互联互通的信息平台，继续加强腹地运输网络优势，整合相关港口服务，打通港口价值链上下游环节的数据流，促进政府职能部门、航运公司、物流企业、金融和法律服务机构等一起高效运作，以便及时发现和解决问题。四是建立港口大数据中心，以实现港口价值链信息资源集中统一管理，以便及时发现高风险问题，及时追踪解决。迪拜的入境审查技术也十分先进，通过入境处配备多项高科技生物识别设备，收集旅客的生物特征数据，加强对外来人员的审查和管理，有效控制人员自由流动可能引发的相关服务贸易风险。自2008年起，除常用的指纹扫描技术外，迪拜移民局开始在迪拜机场对入关旅客进行虹膜扫描以便能够更加精准地查找出曾被驱逐出境或是有其他不良记录的外籍人员。迪拜机场从2013年开始部分更新了所使用的电子门（e-gate），启用针对阿联酋永久居民新的智能电子门（smart gate），使审查人员节省审查时间，将更多的精力用于审查核实外籍人员的身份信息，以减少在贸易发展过程中人员流动产生的风险等。

四、防范化解海南自贸港贸易风险的对策建议

高标准高水平建设海南自贸港，促进贸易自由化便利化，结合国际经验，就防范化解贸易风险提出以下思考和建议。

（一）加强法治保障

一是合理利用立法权。要打造全方位多角度的市场监管体制，需要优先完善海南自贸港建设的相关法律法规。应严格遵循《中华人民共和国海南自由贸易港法》，利用这一国家上位法赋予海南的自由贸易港立法权，勇于开拓创新，防范化解授权立法可能面临的立法风险，将立法创新与本地环境相结合，制定适应海南自贸港建设过程中贸易风险防范要求的相关法规条例，针对走私风险等相关问题可根据情况适当加重处罚，以适应海南自贸港作为全面深化改革开放前沿高地的新要求。

二是强化执法监督。把《海南省反走私暂行条例》《海南省沿海边防治安管理条例》《海南自由贸易港优化营商环境条例》《海南自由贸易港反消费欺诈规定》《海南自由贸易港公平竞争条例》等法规条例贯彻落实到位，压实各级政府反走私综合治理主体责任，完善反走私综合治理工作机制，对参与走私或为走私提供便利的行为施以重罚，以法治化手段确保执法人员没有参与走私或为走私提供便利的违法空间，营造良好的营商环境，为海南自贸港贸易自由化目标的实现保驾护航。

三是要加强境外机构管理。采取法治化手段，要求商业机构

严格遵守海南自贸港的法律法规和监管规则，严格遵守海南在税收、反洗钱、环境保护等方面的要求，并高度关注境外资源、劳务用工、宗教和文化习俗等方面对业务开展可能造成的影响。

四是不断提升依法监管的能力和水平，完善责任追究机制。针对服务贸易等方面可能出现的由监管不到位引起的风险，应完善追究问责机制，并定期对相关工作人员进行培训和考核。同时，要加强舆论宣传，引导民众遵守相关法律法规，增强各级监管部门、政府职能部门和岛内民众的责任意识和法制观念。

（二）构建全方位的监管体制

一是提高人员业务能力。

首先，优化机构设置和专业人员配置。筑牢"打防管控"全方位立体式的反走私防线。构建多主体协同参与的监管模式，配合中央有关部门，统筹海警、海关、公安、交通、烟草等相关力量，广泛发动基层群众，发挥警军民联动效应，增加海关机构和口岸检查专业查验人员编制，对海岸线实行分段负责、网格化管理的模式。

其次，加强教育投入，培育专业本土服务型人才。要聚力提升本地劳动力的综合素质，大力引进境内外教育培训机构，推动海南自贸港的劳动力结构由劳动密集型向知识技术型转变。同时，要注意对各级政府和职能部门进行专业的培训和理论考核等，以适应事中事后的监管要求，提高执法水平。

最后，加强对人员流动的风险防控能力。构建多管控部门协同参与的人员管控动态系统,不断优化完善进出口人员的管控系统,实现海警、海岸警察、国安、公安、海关等部门数据互联互通。对出入境的人员,要做好背景调查,运用人脸识别等智能系统,准确掌握境内外人员在海南进出、居留、就业、住宿等方面的实时动态信息。

二是加强组织保障。

首先,打造涉外管理部门的业务协调运行机制。加强海上执法、口岸执勤等的能力,在港口、码头、卡口等设立治安检查站,对非法入境、非法居留、非法就业等人员采取适当的处置与管理措施。针对非法偷漏税以及其他走私行为,可以协同其他地区海关进行联合行动,依法对走私、代购等非法行为进行严厉打击。

其次,构建全方位多角度的贸易风险防范体系。要有效构建贸易风险防范体系,需要将市场准入和监管相互衔接,注意加强对跨境贸易的事中和事后防控,在扩大开放的同时,注意坚持"宽进严管"的原则,将市场准入限制和事前、事中、事后监管有机结合起来。同时探索引导企业参与市场监管,实行政企结合的市场监管体系,由政府、海关部门制定规则,鼓励企业参与监督管理,对企业参与管理领域实行走私等风险问责机制。

再次,做好封关运作前的压力测试,加强非设关地布局与建设。贯彻落实《海南自由贸易港反走私暂行条例》,在已经布局的综合执法点的基础上,进一步建立设关地和非设关地社会综合治理体系,发现问题及时上报并采取解决措施,为《海南自由贸易港反走私条例》的顺利出台提供经验借鉴。同时,要有针对性地加强口岸及非设关地综合执法点的监管队伍建设。

最后，按照货物清单类型实施精准防控。对于生产设备、交通工具、生产原辅料三类清单，海关秉持由企及物的监管理念，实施精准管控。对于企业进口自用生产设备，海关以企业为单元，以增设海关监管代码为管理手段，按照特定减免税实施电子账册和事前、事中、事后监管。对于营运用交通工具和游艇，限定在海南自贸港范围内使用或从事国际航线运输，加装定位系统，通过社会管理信息化平台实施实时定位监管。对于生产自用原辅料，通过纳入海关特殊监管区或设立保税仓实施监管。按照海关传统加工贸易监管模式，由企及物，建立加工贸易电子手册，实施核销管理。建立耗材清单经营主体风险档案，实施信用管理，对其违规行为按有税市场标准追缴偷逃税款并处违规货值等额罚金。对于日用消费品，海关参照现有离岛免税监管模式实施监管，实行专营专卖，对免税品的进、销、存等全过程实施监管。

三是注意加强舆论引导。

运用新媒体力量，加强政策宣传、政策解读，以及通过典型案例和事件的宣介教育，形成震慑力量，提高违法的预期成本，从心理上对潜在的“三非”人员进行打击，避免其铤而走险，在源头上防范化解人员流动风险，以及走私、偷漏税风险等。

（三）提高监管技术水平

一是充分运用和发挥科技力量。结合“智慧海南”建设，加大信息化和科技装备投入力度，完善全岛数据信息技术的基础建设，构建全岛“人流、物流、资金流”监管系统，借助大数据、人工智能、区块链技术，构筑近海、岸线、岛内“三道防线”，实施全天候动态监控和精准打击，确保监管措施的动态平衡，以实现对不法分子将“零关税”商品聚少成多、转移出岛的风险防控。

二是动态调整跨境服务贸易负面清单。根据跨境服务贸易的运行情况，建立跨境服务贸易统计制度，实时监测、分析跨境服务贸易运行情况，并进行风险评估和识别，同时再根据运行情况对负面清单作出动态调整。对于开展跨境贸易的互联网企业，应审慎保管其掌控的数据并采取足够的安全保障措施，提升敏锐的风险预警能力，并持续跟进了解数据后期的存储使用情况。

三是构建数字安全保护体系。构建多元化的数据管理模式，要顺应全球数字服务贸易发展趋势，有序推动跨境数据安全流动和多元的数据合作管理模式，同时加强本国网络安全、数据及个人隐私的有效保护。借鉴欧盟模式，考虑建立“白名单制度”，对相关国家实施个人信息保护及跨境数据流动的对等措施。将部分地区纳入网络信息可自由流动的国家和地区，构建数据跨境安全流动的信任体系。有效借鉴美欧等发达经济体不断强化数据出境的管理经验，根据海南自贸港建设的实际情况，制定出台重要数据出境的管理框架，为重要数据的保护、管理、利用完善政策环境。率先落实RCEP电子商务相关规则，并参考CPTPP确立海南自贸港数据安全有序流动规则，重点在跨境数据流动、数据本地化、个人信息保护、国家安全监管等方面加大探索力度。

四是借助RCEP的签订实施，对标CPTPP、DEPA标准保护贸易环境。加强海南自贸港政策与RCEP的对接，形成叠加优势，抓住未来三五年的发展机遇，加快海南自贸港建设速度，将海南打造成高水平对外开放压力测试区，探索鼓励企业入驻时签署制定符合海南自贸港建设要求的货物贸易诚信承诺书、服务贸易诚信承诺书等相关协议机制，针对跨境数字服务贸易过程中的知识产权、个人信息保护等问题，对标CPTPP、DEPA建立海南自贸港产权保护与知识产权保护规则。

五是对敏感领域重点监管，推进跨境联合监管、联合执法，打击非法跨境活动。对预警和评估出的未来可能发生危险的敏感领域要重点监管，并提前做好风险防范措施。把制度集成创新摆在突出位置，对于选择开放的敏感部门，要注意让不同层级和不同职能部门之间纵横联动，促进各部门之间相互协同分工，形成监管合力。建立跨境资本流动宏观审慎管理体系和跨境资本监测预警体系，实现海南自贸港对贸易发展过程中可能预测到的风险监测监控的全覆盖。

参考文献

[1]周杰.中国自由贸易试验区服务贸易开放风险问题[J].对外经贸实务,2019,(04):46-49.

[2]魏浩.中国进口发展的新机遇、新挑战与应对策略[J].人民论坛·学术前沿,2022,(01):46-64.

[3]刘云亮,翁小茜.中国特色自由贸易港授权立法风险防控机制研究[J].海南大学学报(人文社会科学版),2021,39(05):111-118.

[4]邱斌,张群,孙少勤. RCEP对我国服务贸易的影响研究——基于结

构模型的量化分析[J].江苏社会科学,2022,(02):105-116.

[5]储节旺,荚雨晨.数字贸易背景下我国信息服务贸易发展路径研究[J].情报理论与实践,2022,45(07):1-7.

[6]裴春梅,祝凡.扩大开放背景下中国服务贸易发展的经济溢出效应——基于中国贸易数据的经验分析[J].商业经济研究,2021,(24):170-173.

[7]胡卫纲.中国建立自由贸易港的实践探索[J].价格月刊,2022,(02):73-77.

[8]谢申祥,高媛.中国特色自由贸易港的服务业开放机制探索——以海南自由贸易港为例[J].暨南学报(哲学社会科学版),2021,43(06):33-43.

[9]詹联科,夏锋.国内国际双循环新格局下海南自由贸易港离岸贸易发展研究[J].经济与管理评论,2021,37(03):136-147.

[10]孟广文.国际经验对海南自由贸易港规划建设的启示[J].资源科学,2021,43(02):217-228.

[11]黄庆平,李猛.探索建设自由贸易港中的数字贸易发展策略[J].管理现代化,2020,40(05):60-64.

[12]曹晓路,王崇敏.建设自由贸易港的国际经验与海南路径[J].国际贸易,2020(04):48-55.

[13]刘云亮.中国特色自由贸易港授权立法研究[J].政法论丛,2019(03):121-132.

[14]王晓玲.国际经验视角下的中国特色自由贸易港建设路径研究[J].经济学家,2019(03):60-70.

[15]迟福林,郭达,郭文芹.构建新发展格局下的海南自由贸易港[J].行政管理改革,2022(01):15-19.